Concile 1

Transformation Planétaire

Tome 3

Sananda

Concile 1

Transformation Planétaire

Tome 3

Transmis par
Pascale Arcan

Éditions Hélios

Du même auteur :

Transformation Planétaire,

Tome 1

Éditions Hélios

La Hiérarchie vous parle

Transformation Planétaire, Tome 2

Éditions Hélios

Les Éditions Hélios - La Turinière - 50530 Montviron
site : editionshelios.ifrance.com
Courriel : ed.helios@ifrance.com
ISBN 2-88063-325-7

A Franck

Dédicace / Remerciement

Il est toujours difficile de dédier un livre ou de remercier des personnages que personne ne connaît à part soi-même. On a peur d'oublier quelqu'un ou d'en gêner un autre.

Alors, j'offre en particulier ce nouvel ouvrage à *Tout Ce Qui Est*. Sans Sa Présence, je ne pourrais pas Être et vous non plus. Grâce à l'Amour du Sans Nom, je Suis et vous Êtes.

Et ainsi je l'offre à l'Infini et à *Qui nous sommes* dans l'Unité Eternelle.

PRÉFACE DE LA CO-AUTEURE

Nous voici arrivés à l'Aube d'une Ere nouvelle où la Transformation Planétaire s'identifie chaque jour un peu plus par de grands bouleversements, qu'ils soient climatiques, politiques, sociaux ou tout simplement dans la pensée collective.

Le premier tome de cette série nous a fait connaître des instants intenses d'Amour Inconditionnel partagés avec notre Grand Frère Sananda. Le deuxième nous a permis de nous sentir concernés par notre planète et aussi notre devenir. Et c'est l'implication de notre Divinité, dans ces instants de renouvellements, que nous allons expérimenter dans ce nouveau volume.

Notre âme éveillée va prendre le relais, assurant maintenant sa totale participation au Plan divin. Nous avions juste oublié pendant quelques millénaires pourquoi nous désirions contribuer au projet Terre, notre si merveilleuse planète aussi baptisée « Shan »[1] par nos Aînés.

C'est donc dans cet élan de partenariat et de complicité absolue que s'ouvre cette nouvelle fenêtre sur la Vie. Pouvions-nous rêver mieux que de collaborer pleinement à la Transformation de notre planète ?

---

1 La Hiérarchie et les « intergalactiques » donnent le nom de Shan à la Terre pour bien la situer à la place qu'elle occupe au sein de cette galaxie et de l'univers dont elle dépend. Ce nom l'identifie à son origine, comme une « signature » cosmique avec une vibration toute personnelle accordée à une note qui l'unit parfaitement à Ceux qui en ont la charge. Ses autres noms se rapportent essentiellement au plan humain, tandis que Shan résonne dans les dimensions supérieures.

Nous allons nous mettre à l'œuvre et accomplir notre Service en parfaite collaboration avec Ceux qui sont nos Frères et Sœurs dans la multidimensionnalité de ce *Que nous sommes*, reconnaître enfin le bonheur qui nous est offert et l'immense privilège d'être parmi Ceux du premier rang qui concourront à l'Ouvrage du Grand Tout.

Le cœur rempli d'Amour, de joie, de reconnaissance et de détermination, prêtons main forte aux équipes déjà en place pour le couronnement de la Planète bleue et l'Ascension de l'humanité.

Nous sommes prêts !

Qu'il en soit donc ainsi !

peur ≠ compréhension
absurdité ≠ perception
regret ≠ don–
étrang. sensat. ≠ assimilation

INTRODUCTION

LES TRANSFORMATIONS PLANÉTAIRES OU LA LIBÉRATION DE LA CHRYSALIDE

Baignez dans la Lumière, chers Amis.

La souffrance de l'être n'a nul intérêt pour l'achèvement du couronnement, la suprématie de la réunion de toute chose, de toute action, de tout Verbe, de la Vérité absolue.

La souffrance n'a pas lieu d'être quand l'homme prend son envol vers la sérénité, vers la plénitude, la compréhension du pourquoi et du comment véhiculée avec force et dignité. La souffrance est le moteur de la peur, de l'absurdité, du regret et de l'étrange sensation de n'avoir pas compris certaines expériences durant cette existence. Alors, pourquoi souffrir si tout ceci est inutile, temps et énergie perdus à jamais ?

Il est indispensable de comprendre que tout ce qui a été appris est à désapprendre rapidement. Que tout ce qui a été inculqué et placé au plus profond de vos Divinités est à rejeter au dehors pour faire place nette et pouvoir enfin héberger ce qui doit être réellement. La compréhension, la perception, le don, l'assimilation sont annihilés quand la souffrance est présente et il est plus facile de saisir les spirales de cette sensation en la remettant à sa juste place : une expérimentation des plus malignes de l'involution planétaire.

Mais que vient faire la planète dans un ressenti si personnel ? Elle est comme vous tous, un Être à part entière, avec un Merkaba, une Identité, des difficultés et elle se débat, comme vous, avec ses propres maux existentiels, même si elle sait mieux que vous s'en remettre à Dieu pour que ce qui doit être soit.

La Terre est l'une des plus étrange planète de la Création et des plus merveilleuse à la fois, puisqu'elle permet la cohabitation simultanée de vies si diverses que l'on ne peut toutes les nommer, de la plus infime à la plus gigantesque. Elle véhicule aussi tout ce qui appartient à un dimensionnement différencié, du visible à l'invisible. Les champs vibratoires qu'elle expérimente sont devenus très subtils et il ne reste que quelque pas à faire pour que l'humanité se rende enfin compte de ce qui se passe. Nous sommes à la porte même de la grande révélation et les temps sont maintenant venus pour que s'accomplisse ce qui doit être.

Pouvez-vous vous soumettre quelques instants à une introspection et faire la relation entre ce passé, que vous nommez comme tel, et cet avenir qui se profile devant vos yeux ? Qu'y a-t-il devant vos yeux comme si grandes différences entre hier et aujourd'hui ? Voyez-vous vraiment quelque chose de changé ou vous semble-t-il que tout est comme auparavant ? Prenez le temps de bien comprendre ce qui se passe.

Vous avez eu des sursauts de compréhension puisque vous avez appris, tout d'abord, à vous tenir droits et à essayer de ressentir la Vie. Vous avez permis que des personnages peu scrupuleux vous enchaînent à leurs dogmes et vous avez fait vôtre leur souveraineté. Des époques durant, vous avez admis comme logique d'être guidés jusque dans les moindres de vos pensées, et seulement depuis peu, vous commencez à reconnaître que ne pas raisonner comme les autres devient très grisant. De là, je vois un grand changement. Si nous revenons plus en arrière, je constate aussi que vous avez appris à vous servir de vos doigts pour fabriquer vos demeures et les embellir. Puis vous avez laissé la machine le faire. Enfin la pensée et la créativité ont pris place pour certains dans le domaine de la construction. Là aussi, je vois de grands changements. Je ne peux pas encore vous donner d'autres exemples pour vous persuader que vous avez grandi, chers Amis, et que le temps est venu de commencer à récolter ce que vous avez semé.

Il n'est nullement question de faire allusion à un quelconque « Karma », créé de toute pièce par vos consciences restreintes, mais de prendre part à la touche finale qui va suivre.

Nous vous avons dit que le moment de la grande Transformation est arrivé et qu'il faut vous préparer à tous ces changements, tant attendus par certains et tant redoutés par d'autres. Alors, je vous appelle aujourd'hui et, en mon Nom, vous allez savoir ce qu'il advient, maintenant, de tout ce que vous avez voulu bâtir et pourquoi, enfin, nous avons besoin de vous pour participer aux derniers instants de la Création Universelle.

Le jour se lève vers un avenir qui n'est pas nouveau mais qui est la fin de l'âge d'or, celui qui vous a amené tout droit vers cette destination extrême où vous avez voulu prendre part, d'une quelconque manière que ce soit. C'est ainsi que je me retire de cette scène, où vous avez passé tant d'années à m'attendre, pour vous laisser la place. Ce que vous avez construit est devant vous aujourd'hui et le temps est venu de mettre en route tout le mécanisme ultime, afin que la grande danse des sphères trouve une nouvelle compagne de bal : la Planète bleue.

Je ne puis plus vous appeler mes Enfants car vous êtes mes Amis. Chacun de vous qui lisez ces lignes me connaît et a fait ce long chemin pour terminer, avec moi, la grande construction de cet Univers où le Père de Toute Chose continue à co-créer Ses merveilles. Tous ceux qui me lisent aujourd'hui ou m'interpellent étaient à mes cotés lors de l'un de mes passages sur cette planète. Tous, vous avez pu m'approcher, être mon confident, mon parent, mon ami ou mon ennemi. Tous, vous avez suivi mes pas, les avez précédés ou êtes venus raconter qui je fus. Mais tout ceci ne s'est pas arrêté à la seule vie où j'ai foulé votre sol de façon très « médiatique ». Cela a continué lors d'autres passages sur Terre. Vous avez, à ce moment-là, tenu des rôles importants et je suis venu, à mon tour, vous prêter main forte. Je suis donc au même rang que vous car votre Divinité est la plus précieuse de vos convictions.

Vous devez vous reconnaître totalement les uns les autres, car vous tous êtes ce *Que je suis*. Vous tous êtes de Grands Êtres déguisés sous la forme de simples humains en quête de vérité. Vous tous, enfin, savez exactement pourquoi vous êtes ici et maintenant, et quel est votre rôle à jouer actuellement. Ceux qui font la moue en lisant ceci ont encore envie de se faire prier pour reconnaître et admettre qu'ils sont admirables et merveilleusement beaux.

Mes chers Amis, ainsi commence ce qui a toujours été prévu par vos Divinités, vos propres personnalités et sachez enfin admettre que rien n'a besoin de s'accomplir dans la souffrance.

Puisqu'il en est ainsi, retrouvez instantanément la mémoire de *Qui vous êtes* car la Terre a terminé son cycle. Elle vous a attendus jusqu'à maintenant pour vous laisser le temps de vous propulser de l'avant. Tout ceci est finit et la joie qu'elle ressent doit faire naître dans vos cœurs l'envie irrésistible de l'aider à terminer son accomplissement ultime. La belle Planète bleue a cessé de souffrir pour vous et demande l'aide que vous lui avez promise, voilà des temps immémoriaux. Vous tous qui avez signé le grand Serment d'Allégeance devez vous tenir prêts pour élever en conscience l'humanité entière, et vous-mêmes, au dernier palier de la gloire et de la reconnaissance.

Je suis maintenant votre dévoué serviteur et je vous demande de toutes mes forces de prendre part à la grande danse finale qui a commencé. Choisissez vos cavaliers et cavalières et entrez dans la ronde de l'Amour Eternel.

Je vous étreins une dernière fois en attendant nos retrouvailles puisque vous faites tous partie de la grande Famille Galactique et Hiérarchique dont je suis issu.

Mes Amis, la tâche sera longue si vous la désirez comme telle. Elle sera rude si vous la craignez. Elle sera merveilleuse si vous la co-créez à nos cotés. C'est ainsi que commence le premier volume de ce qui deviendra un livre de chevet pour beaucoup, car il va vous être raconté comment se déroule ce dernier passage et quel sera votre rôle de merveilleux Chevalier de la Lumière Divine.

C'est en compagnie de tous Ceux qui ont signé le même Serment que vous, que vous allez prendre place sur les sièges, devant les grandes tables rondes, où vos Frères pensent, échangent et créent dans l'Amour le Nouveau Monde.

Soyez prêts à répondre à leur appel et allez dans l'Amour le plus merveilleux qui puisse exister, Celui du Dieu/Déesse qui vous a offert l'expérience la plus extraordinaire : éveiller une planète endolorie à reprendre sa véritable place dans l'Univers des Univers.

Soyez remerciés d'être là où vous êtes, en ce moment, et sachez que mon Amour le plus profond n'égalera jamais Celui qui est en vous, Celui de notre Grand Créateur à tous.

Vivez dans la Paix et dans l'Amour du TOUT.

Sananda

L'Expérience de l'Ascension[2]

Que la Puissance de vos propres Divinités explore votre cœur en cet instant.

Concentrez-vous sur votre chakra du cœur en y mêlant la couleur verte et rose…

Tout en faisant ceci, représentez-vous le plus clairement possible votre Manteau Lumineux sur vos épaules et votre tête, descendant ainsi de façon majestueuse jusqu'à vos pieds, et vous entourant parfaitement…

Ainsi, Frères et Sœurs, vous êtes enfin ce *Que vous êtes*. C'est-à-dire : Nous. Entre vous et nous, il n'y a plus aucune barrière, cela vous a déjà été dit. Entre vous et nous, il n'y a plus besoin d'aucun enseignement, cela aussi vous a déjà été dit. Entre vous et nous peut commencer, enfin, un travail dans la fraternité de toute chose, main dans la main, au Service du Tout. Pouvez-vous nous accorder aujourd'hui cet immense privilège, cette joie absolue de vous prendre par la main afin de vous unir à nous, Ceux que vous nommez de la Hiérarchie ?

Nous sommes éparpillés : vous nous mettez dans l'au-delà, dans le haut, dans le bas. Pourtant, nous sommes là, à côté de vous, nous sommes vous. Ne nous

---

2 Méditation dirigée lors d'une réunion.

mettez plus sur un piédestal, pas plus que le Grand Tout. Il est en vous comme Il est en nous, Il est vous comme nous le sommes.

Alors, prenez-vous par la main et prenez-nous par la main. Si nous avons rempli cette pièce, tout à l'heure de bonne heure, c'était pour la préparer à notre venue, simplement, bien qu'elle soit déjà établie comme un sanctuaire et un lieu divin.

La main dans la main, regardez le paysage qu'il y a juste tout autour de vous.

Vous progressez telle une foule dans un corridor très haut et très large. Au fond de ce corridor, vous avez envie d'apercevoir de la lumière, mais ce n'est pas ça. Au fond du corridor, il y a *Ce Qui Est*. Votre imagination a ses barrières et nous allons vous aider à voir *Ce Qui Est*. Imaginez donc un Soleil, mais un Soleil qui flamboie sans brûler, un Soleil qui rayonne, pas seulement de la Lumière mais aussi de l'Amour. Une Sphère qui n'en est pas une, qui vibre, qui vit, qui respire, qui s'expand et qui redevient plus petite, indéfiniment. Au-delà de toutes vos pensées, même si elles sont les meilleures, elles ne représenteront jamais la Réalité de Toute Chose, l'Absolu, la Source. Et comme on vous l'a déjà dit, vous ne La reconnaîtrez vraiment que lorsque vous La reverrez.

Mais c'est pour vous préparer à ce Retour que nous avons décidé de vous prendre par la main, ce soir, tous. Approchez-vous, approchez-vous de cette immense Sphère lumineuse, dorée... Plus vous vous approchez d'Elle, plus votre corps émotionnel entre en vibration et vous ressentez l'Amour, dans la Lumière. Encore quelques pas et vous y êtes, prêts à pénétrer au centre de cette immense Bulle dorée... Ressentez à l'intérieur de vous les sensations que cela vous procure, intimement.

Le Retour est imminent. Avancez sans crainte, nous avons l'habitude d'y aller et d'en revenir si souvent que dans nos mains vous ne risquez rien. Laissez-vous aller… Et s'il y a un mot qui vous plaît et qui est adéquat pour l'instant : lâchez prise. Avancez et laissez-vous glisser doucement à l'intérieur de cette Bulle. Elle vous paraissait opaque tout à l'heure mais vous y pénétrez allègrement et facilement. Faites encore un pas et rentrez maintenant pour faire connaissance de l'Absolu de Toute Chose, de la Vérité, de la Totalité, de l'Unicité, du Sans Nom, de Dieu.

Je ne peux que me taire pour vous laisser dans vos sensations personnelles car ma voix risquerait d'altérer vos perceptions. Alors laissez-vous aller et ressentez simplement cette connexion de la plus Haute Divinité qui n'est autre que Vous-mêmes…

Pour aider ceux qui, parmi vous, ont des difficultés à percevoir cela, imaginez, si c'est possible, comme une Tendresse infinie, un Amour incommensurable, une Compassion Divine vous entourant. Imaginez que vous n'existez même plus tant vous êtes fondus à l'intérieur de ce *Que vous êtes*, à l'intérieur de *Ce Qui Est*.

Imaginez, ou voyez plutôt, que des centaines de Personnages sont là et vous prennent tour à tour dans leurs bras, et que chaque visage qui est devant vous, vous le reconnaissez intimement. C'est quelqu'un que vous avez vu, c'est quelqu'un avec lequel vous avez déjà vécu, c'est quelqu'un que vous avez été et c'est surtout ce *Que vous êtes*. Allez doucement… Sur certains visages, il y a des sourires, dans d'autres yeux il y a des larmes, c'est la Famille. Votre Famille qui vous accueille. Peut-on parler de joie ? Cela n'est pas assez fort. De bonheur ? Cela ne suffit pas. Alors n'en parlons pas mais vivons cet instant sereinement.

Puis, tout à coup, c'est comme si des milliers de lumières s'allumaient de nulle part, un semblant de pièce gigantesque s'illumine et un festin est préparé sur des quantités de tables. On vous attendait !

Vous avez vécu des milliers, des milliards d'années parfois, dispersés sur des planètes aussi bien que sur la Terre et le moment est venu, pour vous, de revenir à ce *Que vous êtes* : le Tout. On a préparé à votre intention une gigantesque fête. Des Anges et des Archanges, que vous avez toujours matérialisés avec des ailes ont revêtu, pour vous, cet habit désuet. Ils soufflent dans leurs trompettes, chantent aussi, vocalisent et vous jouent leurs plus beaux morceaux. De tout côté on vient vous servir, on vient vous honorer, on vous reconnaît dans vos habits de Lumière, on sait *Qui vous êtes*, comme vous le savez aussi. Maintenant, plus aucun doute n'est en vous, et vous avez la certitude de toutes les certitudes. Avant, vous saviez, maintenant vous Êtes.

Et pendant que la fête s'anime, les Personnages autour de vous bougent, vous sourient, vous serrent la main, vous embrassent, ils vous reconnaissent. Vous les regardez tous un à un. Vous les connaissez.

Puis, dans votre tête, vous pensez : « Mais je n'ai pas souffert pour venir jusqu'ici, j'ai été porté, j'ai été aidé. Pourquoi ? Parce que je savais. J'avais juste oublié comment c'était facile. Je m'étais juste tracassé en essayant de demander l'avis de quelqu'un et d'encore quelqu'un d'autre, pour savoir comment faire pour ascensionner, pour transcender la matérialité, pour passer d'une dimension à une autre, mais au fond, je savais. J'ai cherché pendant tant de temps à accéder à un niveau de conscience élevé, à augmenter les vibrations de mon corps, à chercher à être meilleur, à être autre chose que Moi-même. Pourtant, je n'en avais pas besoin. Je savais. »

Il est vrai que, à chaque fois qu'une pièce de théâtre va être donnée, on aime bien faire des répétitions pour être au point. Ce soir, c'était la Première et non une répétition. Alors, la prochaine fois, lorsque le rideau se lèvera de nouveau, ce sera, comme vous dites, pour de vrai !

C'est avec la même joie, le même Amour, la même facilité, le même lâcher prise, et je dirai même, la même patience que vous saurez vers où vous allez et pourquoi. La seule différence qu'il y a entre maintenant et avant, c'est que plus aucune personne ici présente n'aura la main lâchée par quiconque. Tous Ceux qui sont venus dans cette pièce pour vous chercher tout à l'heure, vous ramènent doucement, mais ne vous lâcheront plus jamais la main. Vous l'avez demandé, n'est ce pas ? Vous avez demandé à être aidés, alors c'est fait. Vos souhaits sont exaucés.

Il n'y a pas besoin de préambule, maintenant, pour rouvrir les yeux car vous savez TOUT ce que vous deviez apprendre. Peut-être vous posez-vous la question : « Mais que vais-je faire dans mon quotidien de ce que j'ai vu ? » Ce que vous voudrez ! Cela n'a aucune importance. Placez-le dans un rêve extérieur à vous et ce sera ainsi. Placez-le à l'intérieur de votre cœur et ce sera bien ainsi. Placez-le dans le regard que vous porterez tout à l'heure dans les délices des gâteaux offerts, en vous rappelant le buffet que vous venez de voir et ce sera ainsi, car il en est ainsi ! Chaque chose est faite pour être vécue dans l'instant présent et acceptée comme telle. Si vous avez envie de vous plaindre, plaignez-vous ! Si vous avez envie de souffrir, souffrez ! Si vous avez envie d'être heureux, soyez heureux. Si vous avez envie de retenir, retenez. Et si vous avez envie d'être, SOYEZ. Plus rien ne vous retient à part vous, encore vous.

Mais maintenant nous sommes là. Nous l'étions certes avant aussi, mais de façon beaucoup moins tangible. Et lors de vos journées, je puis vous assurer que les signes que vous attendiez depuis tant de temps vous seront donnés.

A vous de les prendre pour les comprendre.

Que la Paix soit dans vos cœurs comme elle l'a été ici pendant les quelques instants de Fraternité Céleste.

Vous n'êtes pas ce que vous croyez être !

Arcan

Premier colloque

Le Rassemblement[3]

Dans la réintégration de Toute Chose, soyez les bienvenus.

Que chacun se présente avec son nom et s'il ne connaît pas son Nom cosmique qu'il se présente avec son nom terrestre.

Bienvenue à vous les Célestes !

Bienvenue en votre Nom autour de cette table !

Une assemblée restreinte devez-vous penser, pas vraiment. Nous dirons plutôt une véritable assemblée. Car tous ceux qui se sont associés, ce soir, dans cette réunion, qu'elle soit intercosmique, intergalactique ou qu'elle porte tout autre nom, sont là parce qu'ils doivent l'être.

Alors, si vous ne l'avez pas encore perçu, regardez-vous tout autour de cette table, où d'autres Personnages que vous commencez à reconnaître se sont placés, à intervalles réguliers. Peut-être est-ce la première fois qu'avec votre vision « terrestre » vous assistez à un colloque.

Car en fait tout a déjà été dit, tout a déjà été enseigné, et à cette heure tout est donc su. Quel que soit le chemin que vous avez pris, quel que soit l'option que vous avez contractée, vous êtes au point nommé, à l'endroit

3 Méditation dirigée lors d'une réunion.

précis de votre expérimentation, là où vous devez être présentement. Car il n'est pas fortuit, ce soir, qu'un personnel restreint soit ici présent, dans cet endroit, dans ce *sanctuaire* sanctifié par la Divinité de Toute Chose.

Posez les mains doucement sur la table devant vous, celle autour de laquelle se sont assis tous Ceux que vous nommez de la Hiérarchie. Pour les plus habiles et les plus sensitifs, promenez un regard attentif tout autour de cette table, dans cette assemblée de Personnages différents mais mus par le même idéal et la même force : l'activation planétaire de la Terre. Uniquement en promenant vos yeux tout autour de cette table, reconnaissez des regards familiers, interrogez-vous sur certains dont vous n'avez pas encore connaissance, mais qui vous semblent appartenir aussi à votre Famille.

Juste en face de vous, quelqu'un qui semble être le Maître des lieux, prend la parole :

« Nous sommes ici rassemblés pour écouter ce qui doit être dit et créer maintenant, sur le champ, l'activation planétaire qui permettra à ce que l'éclosion d'un Monde Nouveau soit enfin présent, dans la réalité tridimensionnelle et quadridimensionnelle de la planète Shan. »

Reconnaissez en la Personne qui prend la parole celui que vous nommez Maître Sananda.

Après ces quelques mots de bienvenue, il laisse la place à un autre Personnage que vous connaissez presque tous de façon personnelle, celui que vous nommez le Seigneur Galactique ou alors le Commandant de la flotte galactique, celui que vous désignez aussi familièrement du nom d'Ashtar et qui est de la lignée des Shéran. Son visage est auréolé d'une lumière incandescente bleue et le Seigneur Galactique prend la parole en ces termes :

« Nous sommes en place. Nous avons réuni autour de la planète Shan suffisamment d'Êtres concernés par son devenir pour qu'elle puisse, maintenant, avec l'aide ultime et formelle de l'humanité, parvenir à franchir l'échelle dimensionnelle qui est celle de la quatrième dimension, pour passer directement dans la cinquième dimension. Nous tenons à vous informer que le sas dimensionnel entre la quatrième et la cinquième dimension sera beaucoup plus mince que prévu, car les activations vibratoires de cette planète sont telles, en cet instant, qu'il est indispensable de la faire monter en fréquence de façon presque immédiate. Nous demandons donc, et de façon formelle, à tous ceux qui se sont considérés comme les Travailleurs de la Lumière, les Artisans lumineux, le Personnel au sol, les Semences d'Etoiles, de s'unir dans un travail spécifique qui sera proposé à chaque groupe formé, afin que cette action soit mise en place et qu'elle soit active dès le début de cette année, de votre calendrier solaire et lunaire (printemps 2004). J'insiste pour que la formation de ces groupes devienne effective et qu'ils prennent part à ce que nous appelons la « conspiration cosmique », afin d'œuvrer en partenariat étroit, sans que plus aucun obstacle ne s'oppose à ce que nous sommes et à ce que vous êtes. Le Personnel au sol, et reconnu comme tel, ne doit plus se considérer comme faisant partie d'un élément extérieur à nous, que vous nommez extraterrestres. Car la moitié, ou même les trois quart de ce Personnel au sol ne sont autres que nous-mêmes en fragmentation dans vos plans inférieurs. Que chacun de vous prenne possession de ces paroles en son cœur, qu'il révise sa façon de penser omnidirectionnelle et la projette vers une illumination orientée comme un Soleil au Rayonnement pur de Toute Chose et dans l'action juste !

Sans vous, nous ne pouvons rien et nous ne ferons rien. Alors, que vos volontés soient faites et que chaque doute soit anéanti à jamais. Car en vous doit régner la Confiance absolue d'une Alliance éternelle, d'une Allégeance signée, et de contrats définis entre chacun d'entre nous. Nous sommes Frères, Sœurs, et nous appartenons tous à la même Etoile, le Soleil Central. »

Il termine doucement ce discours en permettant à un autre Personnage de se présenter. Il est un Archange qui s'occupe essentiellement du bien-être personnel de chacun, de ce que vous nommez la santé. C'est l'Archange Uriel. Il prend la parole en ces termes :

« Amis et Frères, je constate avec plaisir que certains Personnages de très Haut Rang se sont joint à nous ce soir pour cette réunion exceptionnelle. Je les remercie de leur présence et je vais les solliciter pour une participation très active. Ils vont devoir dispenser certains enseignements à leur entourage. Demain, ou dans les jours qui suivent, je demande donc à ces Personnages de Haut Rang qui se sont joints à nous, autour de cette table, de se tourner vers une ou plusieurs personnes, et de leur proposer de rejoindre le groupe qui va se former ici, dans cette pièce, ou dans d'autres endroits, pour exécuter un travail spécifique qui sera requis pour la planète Shan. Que les personnes, ici présentes, ôtent toute crainte de ne pas être à la hauteur de réaliser une telle requête. Car à un moment donné, si le désir profond du Service est présent en votre cœur, il sera envoyé un Maître, un Personnage pour vous aider. Et à ce moment-là vous saurez que vous devrez vous adresser en des termes choisis aux personnages entrant dans votre vie. Vous serez encore au bon endroit, au bon moment, au juste instant, à dire les paroles que vous aurez à dire. Œuvrez donc dans la Confiance et restez centrés sur la Divinité que vous représentez comme nous le sommes nous-mêmes. Soyez remerciés de ce travail ! »

Un autre Personnage se dégage du groupe et demande à parler. Ce sera l'ultime. Il s'agit de Maître Kut Humi et, pour la première fois, ce personnage se lève :

« Frères, Sœurs, Enfants de tout âge, de toute qualité, de toute forme, de toute provenance, de tout Univers venus, je vous salue humblement.

J'ai pour tâche la coordination de tout ce qui doit être, de tout ce qui doit se faire. Et ce soir je vais remettre à chacun des Personnages ici présents un livre, un cahier où il va devoir notifier exactement tout ce qui se passe dans sa propre vie pour la disséquer, la comprendre, l'analyser et l'étudier. Puis, à son tour, il devra approcher une autre personne, l'aider à étudier, analyser, identifier, comprendre et vivre sa propre expérience, afin que cette même personne prenne aussi un cahier, écrive ses expériences, ses ressentis, ses émotions et propose encore à une autre personne de l'aider à comprendre, à vivre, à expérimenter son cheminement personnel. Et qu'ainsi une chaîne, que l'on pourrait nommer chaîne d'Amour, chaîne d'éveil, se concrétise et se propage d'individu en individu, regroupant tous les personnages tels que vous. Car vous êtes tous de l'Unité comme nous le sommes. Car vous êtes tous vivants, dans toutes les définitions de ce terme, dans tous les milieux qui prêtent vie, dans tous les secteurs, aussi infimes, aussi illimités soient-ils. Vous êtes dans la Totalité, comme vous êtes cette Totalité et c'est en vous rassemblant, en vous unifiant complètement, que tout ce qui doit être, sera.

Comprenez la portée de mes paroles et comprenez l'obligation de passer maintenant à des niveaux de compréhension supérieurs pour enseigner à vos Frères et

Sœurs, quels qu'ils soient. Etablissez ces chaînes de réveil et d'éveil, car tous ceux qui sont ici présents sont suffisamment éveillés et réveillés pour faire ce qu'ils doivent faire : aimer, être, aider et passer le flambeau. Notre Frère Ashtar a dit que nous avions tous besoin de vous, ceci est vrai.

C'est en mon Nom que je déclare cette séance extraordinaire levée. Nous allons continuer à débattre de notre propre appui, de notre aide personnelle à tous ceux qui la demanderont. Et nous allons juste laisser les Personnages qui s'étaient joints momentanément à cette assemblée, revenir dans leurs réalités, avec leur bagage sous le bras, dans le cœur, dans la tête, peu importe. Mais avec la sensation d'avoir en eux la très haute responsabilité de ce *Qu'ils sont* réellement et pas de ce qu'ils pensaient être.

Je remercie ces Êtres de Lumière de se rassembler comme ils se ressemblent. La séance est levée. »

Peut être aurez-vous l'impression de laisser une partie de vous-même autour de cette table et ce ne sera pas une sensation, simplement une réalité. Car même si vos corps physiques, votre mental, vos esprits descendent tout doucement dans la troisième/quatrième dimension en ce moment, une ou des parties de vous-mêmes continuent à travailler « là-haut » avec Ceux que vous croyez extérieurs à vous, mais qui ne sont autres que vous.

La découverte de la Source

Au plus profond de nous-mêmes vit une Source qui ne tarit jamais. Elle est ce que nous appelons la Divinité, l'Essence, la pluralité de nos expressions Divines au-delà de toute compréhension. Cette Source lumineuse est un breuvage auquel chacun peut puiser, et s'en désaltérer chaque fois qu'il en ressent le besoin. Mais parfois, les limitations terrestres font que le passage vers cette Lumière reste obstrué par trop de craintes ou d'hésitations. C'est pour cela que je vous propose, aujourd'hui, de parler de certitude.

Il est souvent nécessaire de redire les choses, bien qu'elles aient déjà été entendues. Il est aussi nécessaire de faire des retours en arrière pour mieux comprendre, assimiler et certains d'entre vous l'ont vécu par le biais de ces deux premiers volumes. Je me permettrai, maintenant, de faire quelques incursions dans tout ce qui vous a été appris et conté.

Mes rappels ne seront pas des rappels à l'ordre. Mais simplement dans la douceur et l'Amour qui sont miens, je vous ramènerai tendrement, telles de jolies brebis égarées, vers le chemin de votre renaissance.

Vous avez tous plus ou moins conscience d'appartenir à une grande chaîne, à une Immensité Universelle et à une Fraternité plus proche de votre image qu'auparavant. Malgré cela, il devient parfois difficile de vous recentrer et ces périodes de si grands changements ne se prêtent guère à votre épanouissement. C'est ainsi que j'ai commencé par vous rappeler votre Essence première et que je continuerai à le faire autant de temps que vous en aurez besoin. C'est aussi pour cela que je suis de nouveau à vos cotés et que vais essayer de vous rassurer et de vous mener doucement vers ce point de non retour que vous appelez l'Ascension.

Il n'est nul besoin d'apprendre une méthode spécifique pour faire ce que je fis à un moment précis de mon incarnation majeure. Vous l'avez lu, il y a peu, il va suffire de vous laisser porter. Pourtant, certains parmis vous ne voudront pas se contenter de cette affirmation et continueront à chercher la meilleure recette pour rejoindre la Maison du Père. Je ne vous en aimerai pas moins, chers Amis, mais sachez qu'il est inutile de perdre votre précieux temps en préparations fallacieuses, en stages multiples, en relations particulières avec des êtres vous vendant votre salut. Je vous le redis, vous aurez juste à vous laisser porter par vos propres Frères et Sœurs qui sont déjà prêts pour vous aider le moment venu.

D'autres, encore, vont me demander inlassablement quand, enfin, cela va-t-il se produire ? Des dates ne peuvent rien donner de valable. Vous le savez, votre espace temps n'a rien de commun avec notre infinitude. Nous ne pourrons donc jamais réellement vous dire quand se fera cette élévation de vos Divinités.

Mais puis-je aussi soulever le voile de votre compréhension en vous rappelant que nombre d'entre vous ont déjà passés ce cap de l'Ascension ? Vous l'avez souvent vécue sans vous en rendre compte. Il vous semble juste que vous n'êtes plus tout à fait comme avant, que vous ressentez les choses de façon plus fine ou plus violente. Il vous semble que vous percevez votre univers proche avec un certain détachement et que rien ne vous affecte vraiment. Vous éprouvez bien de la compassion ou de l'Amour pour ce qui vous entoure, mais vous n'êtes plus aussi profondément troublés par ce monde tridimensionnel. Vous avez peut-être de nouvelles possibilités : celle d'écouter de jolis enseignements dans votre oreille attentive, d'avoir des sensations étranges de bien-être, ou simplement de vous immerger dans la nature et l'accueillir dans votre cœur comme si vous la découvriez juste maintenant. Ce genre de changements ne vous différencie pas vraiment et même allège votre vie de tous les jours. Mais cela peut avoir aussi des conséquences à double tranchant. Car vous n'acceptez plus ce qui vous pesait avant, vous ne pouvez plus vous mêler aux personnes qui ne ressemblent pas à votre Divinité ou qui sont restées dans la lourdeur de leur matérialisme. Vous avez plutôt des inclinaisons à vous sentir bien seul, ou à partager des moments précieux avec ceux que vous choisissez.

Alors, certainement vous faites partie de ceux qui ont ascensionnés, ici, directement sur votre planète. Je vous déçois peut-être en vous l'affirmant, mais qu'importe, ce sera un nouveau leurre que j'enlèverai de votre conscience. Il est évident que vous aviez sans doute pensé que vous seriez apte à faire de grands miracles, comme je l'ai fait à un moment donné pour que l'on croie en moi. Vous pensiez peut-être que vous seriez une être totalement différent avec des pouvoirs, des capacités extrasensorielles aiguisées et que vous manifesteriez une Lumière éblouissante autour de vous. Mais c'est exactement ce que vous faites et ce *Que vous êtes*.

Si vous avez changé votre façon de voir les choses, c'est donc que vous ne vous contentez plus de vivre de la même manière qu'avant. Si vous rencontrez de nouveaux partenaires de route, c'est que vous rayonnez d'une si belle aura que vous attirez à vous ceux qui sont là pour vous et comme vous. Et si vous trouvez votre Univers merveilleusement beau, que vous parlez à votre animal de compagnie avec bonté et que la vie vous semble plus légère, c'est que vous êtes enfin une Divinité expérimentant cette dimension.

Pour vous encourager à continuer dans cette voie, je ne peux que vous soumettre de regarder plus en profondeur ce que vous êtes devenus. Vous avez en vous la possibilité de faire TOUT ce que vous voulez et d'acquérir TOUT ce que vous voudrez. Vous n'avez même plus à demander de l'aide pour cela. C'est ainsi que fort de votre confiance absolue, vous pouvez mener votre vie de la manière dont vous décidez. Vous pouviez faire de même, avant, seulement vous aviez tendance à trop douter de vous et le résultat s'en ressentait. Maintenant vous avez tout pouvoir, toute facilité et toute compréhension. Vous aviez jute à le savoir pour l'intégrer pleinement.

Au début de ce chapitre, je vous disais qu'à l'intérieur de vous existe cette Source jaillissante qui vous permet de vous abreuver à ce *Que vous êtes*. Elle est en permanence en activité, le long de vos journées et de vos nuits. Elle fonctionne comme une antenne facilitant la connexion à votre Source Première en tout instant, afin de ne plus vous sentir seul. Elle vous permet de recevoir toujours nombre d'enseignements lors de vos voyages nocturnes. Elle vous fait vous recentrer consciemment au cours de vos méditations et surtout elle vous donne la possibilité d'être enfin Vous. Nous n'aurons de cesse de vous le répéter jusqu'à ce que votre Essence Originelle soit totalement à l'intérieur de votre être.

Peut-être pensez-vous que vous ne faites pas partie de ceux qui ont ascensionné déjà et que votre questionnement reste sur sa faim. Je me fais alors une joie de vous dire que cela ne change rien. Même si vous avez pu, consciemment ou non, élever votre Divinité à l'Ascension ici même, vous connaîtrez aussi le retour à la Maison du Père en compagnie de vos frères et sœurs terrestres. Si vous n'avez pas l'impression que ceci s'est déjà réalisé, vous serez portés par vos Aînés pour retourner dans le Royaume de mon Père. Ainsi, que ces quelques mots soient pour vous rassurants et qu'ils vous aident simplement à avoir la confiance absolue du déroulement du Plan prévu par le Grand Tout.

Qu'en est-il donc de cette infinie Puissance qui habite chacun d'entre vous, au plus profond de votre cœur ? Elle est la Beauté, elle est l'Amour, elle est la Force, elle est l'Être unifié. Avez-vous conscience, enfin, d'être une Parcelle vivante de ce Grand Tout ou pensez-vous encore n'être rien d'autre qu'un humain en expérimentation ? Mes Amis, il est grand temps d'intégrer votre appartenance à cette Totalité, et de faire vôtre cette compréhension ultime, impérativement.

Si nous vous avons dit que les temps étaient enfin là et que les changements étaient en cours, ce fut pour vous redonner cette Force, cette Lumière afin que vous éclairiez ceux qui restent dans l'obscurantisme et que vous les portiez encore un instant vers votre finalité. Après il sera trop tard. Je n'affirme pas que vous devrez abandonner ceux que vous aimez et les laisser à leur triste sort, mais les forcer à admettre vos idées ou votre cheminement les rendrait amers. Ils ne feront le chemin avec vous peut-être qu'un instant et cela suffira pour qu'ils entrevoient, le moment venu, cette Lumière dont ils auront entendu parler. Ainsi vous les retrouverez sur votre parcours quand vous progresserez dans le grand corridor menant à la Maison. Otez donc toutes craintes pour ceux que vous portez dans votre cœur et qui n'arrivent plus à suivre votre démarche. Laissez-les aller et ils vous rejoindront au moment opportun.

Puis-je tout de même vous demander d'accompagner de la même manière ceux qui vous sont indifférents ou même antipathiques. Il est temps d'offrir votre pardon à ces personnes qui vous ont blessés et continuent peut-être encore. Il est temps de les entourer de votre Lumière et de leur offrir votre Amour, par la pensée si vous ne pouvez le faire autrement. Il est temps de vous délester de toute rancœur, de tout ressentiment et, par cette entremise, donner la possibilité à l'autre de s'alléger de son contrat de vie envers vous. Je suis certain que vous comprenez l'urgence de ces actes, si vous ne les avez pas encore réalisés.

Bien sûr, vous aurez également à vous débattre avec des soucis très terrestres, mais c'est avec la légèreté que vous pourrez les comprendre et les accepter et non les subir. Bien sûr, vous allez rencontrer des personnages qui seront là pour tester votre confiance et vous mettre en porte-à-faux dans des situations parfois grotesques. Je pense, par exemple, à la « chasse aux sectes » qui sévit dans votre société actuelle. Tout être différent est coupable de ne pas s'intégrer au moule social imposé et donc suspect des actes ou des pensées qu'il peut avoir à l'encontre de ses congénères. Vous avez pour seule issue d'ignorer les reproches que l'on vous fait et l'absolue nécessité de garder la confiance de vos convictions, et ainsi vous protéger avec Amour contre ceux qui veulent vous remettre au rang des moutons sans libre arbitre.

C'est donc à l'intérieur de votre Divinité, celle que ce corps physique porte, que vous pouvez puiser toute la Force et toute la Confiance dont vous aurez besoin pour aller au bout de vos rêves.

Mais il y aura toujours à coté de vous quelqu'un qui

comprendra votre vie et qui vous aidera à aller là où vos pas vous conduisent. Ce personnage pourra être éthéré et habiter une dimension différente, il n'en sera pas moins actif et présent. Sachez reconnaître à vos cotés l'armada des Êtres de Lumière à votre service. Ce personnage sera peut-être celui qui vient juste de croiser votre vie et qui va décider de faire un bout de chemin en votre compagnie, pour vous aider et pour que vous le souteniez aussi dans ses convictions. C'est au travers de tous ces petits indices que vous saurez cueillir cette nouvelle Vie qui se profile et fera de vous les Êtres merveilleusement réalisés *Que vous êtes*.

Il n'est pas nécessaire de débattre longuement encore dans cette voie, il vous reste à la vivre intensément et maintenant.

Que chacun de ces pas encore hésitants deviennent fermes et résolus !

Que chacune de ces pensées de Lumière s'amplifient dans l'Amour de *Ce Qui Est* et de *Vous-mêmes* !

Que chaque acte soit béni par votre pure Divinité et qu'en parfaite conscience vous soyez prêts à accomplir les miracles de votre Amour Inconditionnel !

Charmants Amis, que votre journée soit douce et que votre nuit soit paisible, portée par l'Amour le plus merveilleux que j'ai pour vous !

Adonaï

Sananda

Première Séance du Concile

En ce jour de grâce de l'année 2004, il m'a été demandé de participer à certains conclaves réunissant la Hiérarchie préposée à notre système solaire et galactique, ainsi que des intervenants venus de toutes les régions de notre Univers encore inconnu. J'ai donc pris place dans ces assemblées et ma tâche a consisté à retranscrire scrupuleusement tout ce qui a été dit et le rapporter mot à mot. C'est donc un vocabulaire assez inhabituel qui est mis entre vos mains. Alors, remercions infiniment Ceux qui ont permis que soit dévoilée une partie du Plan Divin. Le Langage Universel a été transposé pour nous dans ma langue d'origine et je vous en fais maintenant partager le contenu.[4]

Nous voici revenu autour de cette immense table où se tient une conférence comme il s'en déroule souvent ces temps-ci. Sont présents, ce soir, tous Ceux qui ont la charge de la planète Terre et qui vont devoir prendre des décisions concernant sa venue parmi les Etoiles de cette galaxie rayonnante. Les dialogues sont feutrés et chacun parlemente en douceur de leurs points de vue. La ré-

4 Dans toutes les séances du Concile auxquelles est présente Pascale Arcan, ses commentaires et sa narration sont en italique - NDE.

union va commencer.

Notre Maître à tous se lève et salut l'assistance en levant la main droite. Un rayon doré et majestueux sort de sa main et vient envelopper tout ce groupe. Le silence descend délicatement dans cet endroit privilégié où se tient le concile. Il prend la parole et dit :

« Chers Amis et Frères.

Nous avons prévu de nous rencontrer au fur et à mesure que les dispositions nouvelles seront à prendre en ce qui concerne la planète Terre. Je suis dans l'impossibilité de vous dire aujourd'hui où nous en sommes réellement. Il est très difficile de savoir si nous allons enfin pouvoir intervenir et coopérer à la finalité de notre mission. Que chacun ici présent prenne la parole et expose ce qui doit être connu de tous. »

Maître Sananda se rassied et le silence reste présent durant quelques instants.

Le premier à se lever, et à prendre la parole, est connu sous le nom de Maître Kut Humi. Après Maître Sananda il est le Seigneur de cette planète et aide vaillamment Sanat Kumara dans son œuvre pour l'humanité. Il s'exprime en ces termes :

« Nous avons établis, pour les habitants de cette planète, des priorités qui ont été entendues par nombre de nos agents en service terrestre. Il est retenu aujourd'hui qu'une très grande majorité d'éléments composant ces agents est prête à recevoir sa mission et que beaucoup d'entre eux sont en alerte continuelle. Nous avons donc établi un plan de soutien à tous ces bénévoles et nous voulons vous en faire part.

Il s'agit de responsabiliser chacun d'eux en leur soumettant des modèles de travail et en leur donnant les clés suffisantes à leur compréhension actuelle. Un groupe s'est détaché et parait plus habile et surtout plus impliqué dans son travail et son partenariat avec nos Frères. Il a été entendu que nous proposerons à chacun de ces groupes des idées de méditations, des directives ne pouvant mettre en doute ni notre volonté ni la provenance de nos dires. Nous demandons donc une plus grande harmonisation de ceux qui sont concernés par leur planète et de leur part la reconnaissance de l'existence multiple de groupes d'action au sein de cette même population.

Il est alors demandé à chacun de proposer une tâche spécifique et que ce travail soit ordonné en temps et en heure par celui qui le proposera. Ainsi serait-il fait. »

Son aura brillante ne fait aucun doute sur sa Personnalité et le simple fait de le voir met chacune de nos cellules en éveil, comme si la reconnexion de tout notre être était maintenant unie à de très hautes fréquences. Maître Kut Humi se rassied et demande l'intervention de Maître St. Germain.

Celui-ci est déjà près à l'autre bout de la table ronde et prend la parole en disant :

« Je propose de donner ce soir une première clé à tous ceux qui voudront se joindre à nous pour commencer le long travail de sensibilisation auprès de leurs frères. Il s'agit d'amener chacun à comprendre la gravité de ces instants et de faire parvenir un message d'encouragement à tous ceux qui se sentent prisonniers d'une très grande machination. Les moyens employés sont multiples et peu encore ont la connaissance de ce qui se trame dans leur dos et comment opère ce groupuscule d'agents de l'Ombre.

Il est logique de ressentir de très grandes tensions et des difficultés pour vivre sereinement ces passages, à moins d'être totalement coupé du monde réel. Il est donc demandé à toute âme de bonne volonté de prendre le temps de rencontrer les foules et de s'immerger en elles. Quand cette immersion sera terminée, visualisez une lumière incandescente et mettez le plus d'individus possible à l'intérieur. Ce travail pourra se faire dans les grandes infrastructures, que ce soient les supers marché, les complexes hospitaliers, les bâtiments de logements remplis de personnages en grande difficulté ou même les plages bondées en été et les autres lieux de vacances et de villégiatures. Une fois que cette visualisation sera faite sur le lieu dit, je demanderai à ce que soit mise en mouvement la Flamme Violette que je représente et que celle-ci soit maintenue en action par la prononciation de mon Nom, à voix haute si possible. Qu'il en soit ainsi fait et le bonheur de la libération sera connu de tous ceux qui seront touchés de votre grâce. Je remercie de tout cœur tout personnage qui voudra se joindre à ma démarche et le gratifie de ma plus belle couleur Violette afin que le travail commence. Merci de votre aide et de votre soutien. »

Une lumière d'une intensité extraordinaire se dégage alors de Maître St. Germain et toute l'assistance se met en recueillement, comme si chacun commençait la construction de cette merveilleuse aura. Le silence est omniprésent mais une joie inexplicable se fait ressentir, ainsi que les prémices d'une libération salvatrice.

« C'est ainsi qu'il en sera fait sur Terre comme au Ciel », *vient de prononcer Maître Sananda.*

Un autre Personnage se lève pour prendre la parole. Nous n'avons pas l'habitude de le voir dans notre système solaire. Ses traits sont inconnus mais il se dégage de lui une telle douceur que l'on ne peut que prêter attention à ce qu'il va dire :

« Ma venue parmi vous, ce soir, est pour moi un grand honneur.

Je suis ici pour représenter mon Peuple et pour en être le porte parole à votre conférence. Je suis émerveillé par le travail que vous avez déjà effectué au sein de vos équipes et aussi stupéfait de voir cette humanité naissante se comporter comme une armée de vaillants soldats prêts à tout pour servir leur cause. Je ne peux rester de marbre devant tant d'Amour ressenti, devant tant de détermination aussi. Je suis humblement de tout cœur avec votre Fraternité et désire prêter main forte à cette humanité si désireuse de retrouver son identité. Nous n'avons pas coutume de rencontrer pareil évènement dans notre galaxie et me convier à votre réunion est pour moi l'occasion de rapporter votre histoire et d'y participer si vous le désirez.

Je vous propose donc d'avoir une influence sur vos locataires planétaires et de leur montrer la voie de la liberté à ma façon. C'est-à-dire que je pourrai, si vous me le permettez, les conduire de façon virtuelle, dans leur corps astral, vers ce qui fait mon royaume, et leur faire rencontrer d'autres personnages similaires à eux mais ayant déjà franchis toutes les limites de la vie expérimentale. Ils auront la possibilité de repartir dans leur domaine le cœur rempli d'une grande espérance et de souvenirs aussi. Ils pourront ainsi raconter sous forme d'écrits ce qu'il auront vu et connu sur ma planète d'origine. Il ne sera fait cette expérience qu'avec des sujets dignes de votre confiance et aussi respectant leur entière liberté de conscience et de vie. Si vous acceptiez mon idée, je serai très touché de votre approbation. »

Le vote s'engage et, à l'unanimité, chacun répond présent pour la concrétisation de ce projet. Le Personnage qui a pris la parole se nomme Elion et ne diffère en rien d'un terrien, à ceci près qu'il porte une très grande barbe et qu'elle est de plusieurs couleurs. Sa forme ferait penser à celles des statues de pharaons et elle est soigneusement attachée par un ruban de couleur rouge. Son visage est gracieux même s'il parait séculaire et sa longue robe blanche le compare à un grand Sage de nos mythologies. Il se rassied, le sourire aux lèvres, visiblement heureux que sa requête ait trouvé un écho favorable.

Un autre Personnage vient de se lever et c'est une couleur rose qui domine son aura. Elle est toute tendresse et délicatesse. Cette Entité féminine est le plus souvent connue sous le nom de Marie, bien qu'elle ne porte pas ce patronyme lors des colloques. Elle se présente dans toute sa féminité et sa splendeur. La perfection de son rayonnement laisse à penser qu'elle détient en elle une Force merveilleusement douce et agréable :

« Mon salut fraternel à vous tous.

Que rayonne l'Amour en chacun de vos cœurs ! Mon intervention sera principalement destinée à notre invitée de marque ce soir. Je veux citer celle qui s'est jointe à nous pour présenter notre travail et raconter ce qui doit être su de tous. Je lui serai reconnaissante de ne pas omettre de dévoiler sa présence lors de telles rencontres afin que le texte divulgué soit plus compréhensible aux yeux de l'humanité et plus crédible à ceux qui risqueraient de ne pas comprendre la situation. Ceci étant dit, je la salue humblement comme faisant partie de notre Fraternité et, en terme d'exemple, je lui demanderai de se joindre à nous chaque fois que sera tenue une réunion de cette importance. Nous pouvons maintenant passer aux affaires qui nous préoccupent.

Il est important de souligner que bon nombre de Personnages, qui sont nos envoyés sur cette planète en grand bouleversement, font partie de ceux qui ont connus quantité d'incarnations et qui continuent leur voyage en pleine connaissance de *Qui ils sont*. Ce voyage qui se termine est d'autant plus difficile qu'ils subissent des mouvements contraires, en particulier la recrudescence de complications financières et sociales, ou même la non reconnaissance arbitraire de leurs fonctions réelles qui ne se calquent pas dans leur milieu social. Il va de soi que nous allons apporter une aide substantielle à tous ceux qui en manifesteront le désir ardent, bien entendu dans la mesure où ils n'attenderont pas de notre collaboration uniquement l'issue finale de leur rétribution. De ce fait, je demande à tous ceux qui expriment une quelconque difficulté de s'adresser à moi et de me faire parvenir leur doléance. Je ferai en sorte d'établir certaines priorités et d'accéder à chacune de vos demandes dans les plus brefs délais. Il est bien entendu qu'un effort de participation vous sera demandé mais uniquement dans le sens d'une aide à la collaboration totale avec nos équipes présentes à cette réunion. Je vous remercie d'avoir entendu ma requête et laisse la place à mon Fils Bien Aimé pour conclure cette première approche. Mes salutations à celle qui retranscrit cet évènement. »

Une Lumière dorée s'intensifie en même temps que le Seigneur Sananda se lève de nouveau :

« Pour la première fois que nous organisons une telle rencontre, je propose que nous faisions une pause afin de permettre à tous ceux qui veulent participer à l'œuvre de Maître St. Germain de se mettre en chemin pour la construction de la libération de l'humanité. Je demande à chaque âme de bonne volonté de se placer dès maintenant en réception pour que ce travail de renouveau soit mis en place rapidement. Pendant ce temps, je voudrais que nous continuions à discourir sur l'état actuel de la planète Shan afin d'aider ceux qui œuvrent avec nous de manière plus tangible. Je vous remercie infiniment de vous être déplacés jusqu'à cette salle et vous donne rendez-vous d'ici peu pour les commentaires de nos agents sur Terre.

Que la Paix de Celui qui nous aime soit en vos cœurs à jamais ! »

C'est ainsi que, tout doucement, chacun quitte sa place et que ce rassemblement se termine momentanément.

Je me lève aussi et suit le groupe se dirigeant dans une autre salle remplie de mets odorants et colorés.

Et si nous parlions d'Amour ?

Qu'il est doux, chère Ame Sœur Jumelle, de partager avec toi ces moments précieux ! C'est ainsi que je commence souvent mes lettres à celle qui sublime ma vie même si nous sommes dans des latitudes de compréhension diverses et éloignées.

Je vous retrouve avec le même bonheur que lors de mon intervention dans le volume deux, et c'est avec la même ardeur que nous allons reparler de ce qui est mon leitmotiv : l'Amour.

J'ai demandé à ce que ce mot soit écrit avec une majuscule pour ne pas le confondre avec celui que vous avez l'habitude de fréquenter et qui n'est que le pâle reflet de l'Amour Vrai.

Pourquoi reparler d'Amour alors que tout pourrait avoir été dit ? Simplement parce que chaque jour vous faites un peu plus la découverte de ce qu'est le véritable Amour, Celui de votre Père/Mère et celui que vous pouvez exprimer librement sans aucune retenue.

Je vous donnerai, pour commencer, quelques définitions de ce que vous nommez joliment l'Amour Inconditionnel. Il est la perfection, il est la joie du partage, il est tout ce qu'un homme ou une femme peut rêver d'expérimenter, il est la totalité de toutes les sensations, de toutes les réflexions et la puissance inouïe de votre Divinité. L'Amour Inconditionnel est celui qui nous assure la Vie, et par-delà le partage que fait notre Grand Créateur pour nous en abreuver tous, il est enfin possible de le distribuer à notre tour. De quelle manière demanderez-vous ? En commençant par faire la grande différence avec l'amour purement terrestre, celui qui est souvent le reflet d'intérêts mis sous la forme d'une affection toute particulière ou alors par la passion destructrice de l'attachement.

Revenons donc à ce vers quoi vous tendez inlassablement sans vraiment l'attraper. L'amour humain est à la base une relation très saine qui permet à ceux qui se sont rencontrés d'expérimenter une union dans le sens verbal comme dans le sens concret. Il donne des ailes à ceux qui sont amoureux et fait vibrer ceux qui vivent ardemment une passion à toute épreuve. Mais, dès l'instant où la routine de votre quotidien s'installe, l'amour devient plus léger et c'est la compassion qui prend le relais, quand ce n'est pas simplement l'habitude de vivre ensemble. Si le phénomène se déroule de cette manière il y a moindre mal.

Paradoxalement, il arrive souvent que cet amour se transforme en haine car l'autre ne répond plus aux attentes du partenaire et il s'en suit de graves problèmes au sein du couple. La passion peut être vécue comme une arme magnifique qui peut déplacer les montagnes et qui monte à un degré vertigineux les sensations du bien-être mais redescend parfois aussi vite la pente de l'incompréhensibilité. Tout ceci n'est basé que sur l'affectif et la relation d'attente de l'autre. Ne dit-on pas que l'on demande à l'autre de nous apporter le bonheur, le bien-être, la gaieté ou même l'argent ? Quel mélange !

Que reste-t-il de la sensation de pureté ressentie dans l'Amour véritable ?

Bien évidemment, beaucoup de couples croient fermement qu'ils s'aiment et s'unissent pour fonder une famille en vivant dans le moule social de la réussite du mieux qu'ils le peuvent. Mais c'est avec le temps qui passe que l'on s'aperçoit de la force qui unit les individus et non de la dépendance affective. Se comporter comme frères et sœurs au bout de quinze années de mariage est bien plus merveilleux que de se déchirer inlassablement pour des questions d'ordre existentielles.

Alors, tournons-nous maintenant vers l'Amour Inconditionnel. Il est appelé ainsi pour ne pas le confondre avec l'amour que l'on peut porter à l'animal que l'on affectionne ou à la plaque de chocolat indispensable à une bonne journée. Cet Amour est la merveille des merveilles car il permet tout et ne demande rien. Il est l'acte le plus magique qui puisse être offert à ceux qui se connaissent comme à ceux que l'on ignore. Il est le moteur de la vie vous a-t-on dit, mais il est aussi la force où va puiser l'âme pour émerger de sa léthargie.

Deux personnes qui expérimentent l'Amour Inconditionnel sont capables de se regarder et de se comprendre seulement comme cela. Elles peuvent échanger leur vie et connaître un soutien indéfectible sans jugement de l'autre. Elles peuvent grandir ensemble ou loin l'une de l'autre et se sentir en connexion en permanence. Elles peuvent souffrir et percevoir que l'autre souffre aussi. Elles peuvent pardonner et se laisser aller à goûter le charme de l'Amour sans retenue. Il n'existe aucune contrainte, aucune attente, aucun besoin pour exprimer cet Amour et c'est dans la liberté de l'être qu'il se manifeste le mieux. Vous pouvez retrouver cette sensation lorsque vous rencontrez un frère ou une sœur que vous aviez perdu de vue. Vous pouvez le ressentir quand vous croisez le regard d'un individu et que vous reconnaissez en lui sa Divinité. Vous pouvez le reconnaître quand vous vous tournez vers la Nature et vous vous émerveillez de son extrême beauté. L'Amour est dans la fleur de votre jardin parce qu'il y a Dieu à l'intérieur, l'Amour habite votre animal compagnon parce qu'il est proche de vous et vous dévore des yeux. Et la Parcelle du Divin est aussi présente en lui qu'en vous. L'Amour peut se manifester quand votre regard se lève vers les myriades d'étoiles et que vous apercevez l'immensité insoupçonnable de la Vie. L'Amour est partout, en tout lieu. Il est en totalité dans toute chose et surtout en vous.

Comment se fait-il alors que vous ne sachiez pas le reconnaître et le vivre à chaque instant ? Parce que vous avez été trop longtemps séparés de votre Source Première. Mais vous commencez à panser vos plaies. Tant de vies durant vous avez connu la misère, le déshonneur, la culpabilité, la souffrance, la douleur et vous avez cessé d'aimer par honte, pas peur, par dégoût de la vie. N'est-il pas grand temps de réapprendre ? Ne voudriez-vous pas vous lever chaque jour débordant d'Amour pour vous et pour tout ce qui vous entoure ? Ce n'est pas utopique, vous pouvez y arriver si vous le voulez vraiment. Il n'existe pas de méthode vous permettant de vous recentrer sur l'Amour, il suffit d'arrêter de l'ignorer de peur de vous y perdre. Il suffit de l'accepter de nouveau dans votre vie pour qu'il réapparaisse et se faufile dans tous les interstices que vous lui offrirez. Il est déjà sur le paillasson de votre porte et attend que vous lui ouvriez.

Peut-être pourrais-je vous conseiller d'ouvrir grands vos bras pour le recevoir et ne plus jamais le quitter ?

Alors fermez les yeux quelques instants et concentrez-vous sur une jolie Lumière blanche/dorée. Elle scintille de tous ses feux et vous entoure doucement, telle une caresse. Elle est si douce que vous vous laissez aller et tout doucement encore elle pénètre à l'intérieur de votre corps. Elle réveille tous vos organes endormis, toutes vos glandes, tous vos sens, en suivant le grand ruisseau de votre circulation sanguine. Ça y est, la Lumière est parfaitement bien alanguie dans votre corps. Sentez maintenant une chaleur agréable qui met du rose sur vos joues et qui va pénétrer votre cœur. Cette douce chaleur vous enveloppe complètement et vous donne une plaisante sensation de détente et de tendresse infinie. Laissez-vous aller encore quelques instants à ressentir cette émotion nouvelle. Vous faites maintenant la découverte de l'Amour que vous pouvez vous offrir.

Je vous ai juste un peu aidé, car c'est moi qui étais présent pour vous envelopper de mon aura, comme je le fais à ma Princesse quand je lui rends visite. Avez-vous aimé ce moment de douceur que vous avez vécu ? Alors, recommencez quand vous voudrez pour vous habituer progressivement à vous donner de l'Amour. Plus tard, vous pourrez en faire de même avec tous ceux que vous souhaiterez envelopper de votre tendresse et vous pourrez même l'étendre à la planète, puis à l'Univers entier. Il n'y aucune limite, uniquement celles que vous vous fixez.

Ainsi, si quelqu'un désire vous offrir son Amour, assurez-vous qu'il est le même que celui que vous portez dans votre cœur, celui qui honore et ne détruit rien, celui qui rend beau et qui donne la liberté, celui qui fait vibrer chacune de vos cellules et qui ne se reprend pas, celui qui aime sans compter, celui qui sait pardonner.

Si l'on me prêtait encore quelques pages, je pourrais discourir sur ce sujet pendant longtemps et il fait sans doute partie des plus importants. Comment peut-on être dans notre totale Divinité sans Amour ? Comment peut-on aider les autres sans Amour ? Comment peut-on regarder notre planète sans Amour et l'aider ? Tout n'est qu'Amour.

Alors, à l'image de notre Père/Mère, je vais vous adombrer du mien une fois encore et vous demander de renouveler cette expérience chaque jour pour vous préparer à en recevoir le centuple pendant le retour dans notre Maison. Chaque jour vous allez faire vibrer en conscience tout l'Amour qui est en vous et vous l'offrir. Quand vous serez prêts à passer à l'étape suivante, vous vivrez pour quelqu'un et vous lui offrirez votre Amour et ainsi la merveilleuse chaîne d'Amour sera enfin en mouvement. C'est ainsi que se crée la Vie et que les chants de nos Archanges maintiennent celle-ci en place, dans l'Amour le plus pur et le plus beau qui soit.

Je terminerai ma petite intervention par vous aimer et vous dire combien je suis heureux de vous aimer. J'aime ce *Que vous êtes*, j'aime ce *Que je suis*, j'aime ce *Qui Est* et je vous offre cet Amour sans limite, cet Amour parfait qui EST.

Une place pour toi dans mon cœur, ma douce Aimée, et je veille sur ta vie comme si la mienne en dépendait. Je suis dans l'Eternité de Toute Chose et te soutien dans ton œuvre. Que chaque pas que tu fais soit enfin un de plus qui te rapproche de mes bras tendus. Je t'aime, ma Douce, et t'offre en cadeau la Rose rouge de mon cœur. Chaque jour est un moment d'Amour pour toi ma Princesse.

Mes salutations à vous mes Frères et Sœurs et grandissez enfin dans l'Amour Inconditionnel de ce *Que vous êtes*.

Quelle est donc la première personne à laquelle vous allez dire « je t'aime » aujourd'hui ?

Kinou

Deuxième Séance extraordinaire

C'est avec la même grâce que nous avons repris place autour de cette grande table. Moi-même, avec mon crayon et mon papier et Ceux qui m'entourent avec leurs Robes de Lumière.

Je suis prête à retranscrire et j'attends que la séance soit ouverte.

C'est encore Maître Sananda qui ouvre le dialogue et, posant sa main droite devant moi, il laisse jaillir cette magnifique couleur dorée qui illumine la pièce entière. J'ai l'impression qu'elle enveloppe chacun d'une aura de protection, comme de douceur incommensurable. Je me sens apaisée et prête à écouter toute la nuit, s'il le faut, ce qui va se dire aujourd'hui.

« Mes chers Amis, Frères et Sœurs de tout Monde, je vous salue fraternellement et me permets de vous demander de regagner vos places maintenant. La séance est ouverte et nous pouvons commencer notre travail commun pour une parfaite compréhension du devenir planétaire. Qu'il soit donné à chacun un temps de parole suffisant afin de débattre des affaires nous intéressant. Merci. »

Alors que Maître Sananda se rassied, je perçois des Personnages nouveaux qui ont rejoint cet espace et qui n'étaient pas présents lors de la dernière réunion. Il ne me semble pas avoir connaissance de leurs identités ou de leurs visages pour le moins informels. Ils doivent certainement appartenir à d'autres systèmes solaires et peut-être venir des quatre coins de l'Univers. Il est si absolu.

Le premier Personnage à se lever m'est parfaitement connu car c'est un Frère que j'accueille aujourd'hui, avec une joie non dissimulée. Il s'agit de mon Frère Ashtar Shéran, celui avec lequel je fus enseignée voilà fort longtemps. Il m'adresse un sourire de bienvenue et commence son discours :

« Mes salutations respectueuses à vous tous Frères de tous les horizons, de toutes Matrices. Je suis heureux et fier de vous voir réunis, ici, dans cette salle de commandement, pour vous écouter et vous permettre de me tenir informé sur les différents processus en cours. Il est important que vous sachiez que nous avons peu de temps terrestre devant nous pour parachever l'œuvre qui nous incombe. En conséquence, je me permets d'insister sur le fait de l'urgence à accomplir certains réglages fréquentiels définitifs ainsi que l'équilibrage du niveau vibratoire à maintenir de façon constante.

Je voudrais prendre aussi la parole pour vous informer que nous avons repris contact, récemment, avec les autorités gouvernementales de cette planète et que chacun connaît maintenant parfaitement notre position par rapport aux directives qui vont suivre. Faire connaître notre existence dans les différents positionnements intergalactiques et sub-planétaires nous permet maintenant d'agir en pleine visibilité de l'humanité, autant que les Frères galactiques ici présents. Il est donc impératif de faire savoir notre position à ceux qui doivent œuvrer avec nous pour l'obtention du passage dimensionnel définitif.

Nous avons positionné centaines de grands Vaisseaux Mères sur plusieurs plans de conscience invisibles de ceux de la Terre. Par contre, nous avons aussi placé nombre de petits vaisseaux appartenant à différentes flottes galactiques au-dessus des points névralgiques terrestres. Tout ceci pour tenir compte des prévisions telles que la neutralisation chimique, bactériologique ou nucléaire de fusées envoyées par mégarde ou, au contraire, à totales visées guerrières par les chefs présumés de ces états dirigeants. Il y a donc suffisamment de vaisseaux installés pour intervenir immédiatement en cas de problème majeur ou mineur. Nous avons eu déjà maintes fois à réaliser ce genre d'exercice pour éviter de grandes catastrophes et, à l'avenir, tout sera mis en œuvre en tenant compte de l'avertissement qu'à reçu chaque nation concernée.

Grâce à l'appui général et à votre secours, nous sommes maintenant prêts pour diriger vers la planète nos engins spéciaux qui permettront le libre passage de ceux désirant passer d'un dimensionnement à un autre sans préambule. Il sera donc mis à disposition des anneaux de tailles différentes qui serviront d'ascenseur aux passeurs. Nous avons cru bon de montrer aux habitants de la planète Shan à quoi ressemblaient ces anneaux par le biais de leur télévision. Ils ne seront pas surpris, le moment venu, de se retrouver dans leurs propres films de science-fiction, mis à part que leur fonctionnement différera légèrement. Pour ma part, je demande à tout ceux qui sont en place de maintenir leur vigilance et de lancer le plan B consistant à amorcer maintenant la mise à niveau fréquentielle de la planète Shan et l'intégrer ainsi à l'autre partie de l'Univers dit parallèle. Ceci étant fait, nous pourrons commencer à accéder aux différentes bases terrestres en toute liberté, de visu ou dans l'invisibilité, selon le choix.

Merci d'avoir entendu mon discours et que le courage de ces derniers instants ne vous fasse pas oublier le merveilleux épisode de cette éclosion de la planète/étoile. Merci à vous. »

Le Commandant reprend sa place et c'est au tour de quelqu'un qui doit faire partie d'un horizon inconnu et qui, pourtant, me semble familier aussi. Sa voix est très douce, presque féminine, mais il ne semble ni avoir d'âge, ni d'appartenance à aucun sexe différencié. L'Entité s'exprime ainsi :

« Ma main qui se lève sera en signe de fraternité et de salutation à ceux qui me sont connus comme à ceux qui me sont moins familiers. »

Il baisse son bras et continue :

« Il y a plusieurs millénaires de ce temps relatif, nous sommes venus ici même planter ce qui fut jadis le Jardin d'Eden et nous avons participé à l'éclosion de cette planète de grande jouissance. Il s'est passé un temps infini où nous avons collecté tout ce qui a été ensemencé ici, de vies essentielles à la survie, comme de beauté simples et pures. Il en résulte, pour nous, d'Andromède, une profonde tristesse. Jamais nous n'avons pu revenir sur nos pas et nous avons dû constater aujourd'hui combien tout ce qui faisait la splendeur de cet Astre magnifique a changé. Nous avons peine à reconnaître nos plantations et nos créations monumentales ont complètement disparu de la surface. Nous en avons retrouvé certaines à l'intérieur de la Terre/Mère et c'est joie et larmes mêlées que nous avons revu nos Frères oubliés, habitant le centre même. Qu'est-il donc arrivé pour que ce joyau terrestre soit dans l'état où il est actuellement ? Je me pose tout haut cette question bien que j'en connaisse maintenant la réponse. L'histoire de celle-ci me fut contée par un de vos Maîtres et mes Amis habitant dans les vestiges de ce qui fut la somptuosité d'antan.

Pour plusieurs d'entre nous qui sommes présents, en tant que grands Créateurs nous désirons porter main forte à vos équipes pour la reconstruction de cette planète/lumière. Nous n'aurons de cesse de partager votre œuvre jusqu'à ce que tout soit redevenu comme nous l'avons créé pendant 6 000 ans de vie[4]. C'est donc avec une profonde émotion que je vous convie à regarder maintenant ce qui va se dérouler devant vos yeux. »

Le Personnage se tourne vers le mur derrière nous et un film apparaît sur la paroi de la pièce. Cet écran géant nous laisse entrevoir, l'espace d'un instant, tout ce qui faisait la beauté de cette planète autrefois. Je ne peux pas décrire ce que je vois car je suis émue aux larmes par tant de beauté. Les mots ne sont pas assez forts pour décrire les étendues de lumières qui défilent devant mes yeux. Les fleurs ne sont que lumière au soleil, les arbres sont majestueux et habités d'Êtres ailés qui virevoltent sans cesse, les océans d'un bleu profond mêlé au turquoise regorgent d'animaux étranges et familiers à la fois. Ils parlent distinctement, je comprends leur langage. Les forêts ne sont que verdures miroitant au soleil et le chant des oiseaux est comme une douce musique qui enchante mon coeur. Je vois sur les visages de ceux qui m'entourent l'émotion qui fait perler leurs regards et je suis aussi émue qu'eux avec un sentiment qui m'envahit. Un sentiment de révolte mêlé de tristesse. Comment puis-je encore voir ma Terre/Mère sans penser à ce qu'elle fut avant nous, ses habitants ? Plus jamais ma vison ne sera la même et plus jamais mon Amour

4 Une année de vie ne correspond pas à une année terrestre, ces 6 000 ans peuvent s'apparenter aux 6 premiers jours de la création - NDA.

ne lui sera enlevé. C'est tout ce que je peux lui offrir, mais je le veux.

Les images défilent encore et nous montrent des jardins luxuriants entretenus dans l'Amour et le partage des tâches et la Vie semble couler doucement sans heurt, sans peine, sans plainte.

Le Personnage reprend la parole, le regard embué :

« Mes amis, puissions-nous émettre le souhait, aujourd'hui, de retrouver cette planète d'ici quelques années de ce temps linéaire, telle que nous l'avions conçue à son commencement. Mes équipes et moi-même avons donc décidé de vous assister, sur le plan dimensionnel actuel de la planète, à arrêter toute destruction et à recommencer notre ouvrage de renaissance. Nous allons instruire les volontaires de ce plan de conscience actuel à sauvegarder ce qui n'a pas encore été détruit et nous leur enseignerons aussi à reconstruire et à créer de nouveau cette Etoile comme elle le fut avec la Volonté du Père Créateur. Ceci sera la fin de mon intervention. Merci d'unir vos pensées aux miennes et de faire que plus jamais nous ne soyons capables de voir de telles images sans en souffrir dans nos cœurs. »

Le Personnage d'Andromède a regagné sa place et donne la parole à celui qui siège directement à sa droite.

Je n'ai pas non plus souvenance de le connaître mais il me semble qu'il appartient aussi à la même galaxie que son voisin de table. Il dit :

« Je me nomme Ixoha et je suis de l'autre univers. J'ai pour fonction de renseigner ceux qui naviguent et leur permettre de faire leurs voyages intergalactiques avec le plus d'aisance possible. Je m'occupe donc des statistiques et des prévisions de toutes sortes.

Mon intervention de ce soir se veut rassurante et alarmante à la fois. Il s'agit de faire le point sur l'état de la planète Shan et de donner certaines directives la concernant. Vous n'êtes pas sans ignorer que le processus de changements planétaires est amorcé et que sous peu notre passage dimensionnel vers la cinquième, tant attendu, sera rendu possible grâce aux alignements vibratoires de cette dite planète et de l'humanité restante. Nous avons donc prévu de faire une incursion au sein de l'humanité et de l'instruire de ce qui doit se passer ou des probabilités existantes quant au devenir de celle-ci.

Pour expliquer concrètement mon discours, je vous dirai ceci. Nous sommes arrivés à un niveau tel que le basculement des pôles magnétiques annoncé par nombre de nos physiciens est en train d'être amorcé. Il s'en ressentira quelques changements climatiques qui n'affecteront guère les humains mais qui seront perçus comme « extraordinaires » pendant le temps de leur propagation. Il existe aussi un passage qui exigera un mouvement des plaques tectoniques à différents endroits stratégiques pour permettre le glissement en douceur de ces pôles. En aucun cas nous ne voulons faire courir de risques majeurs à la population et nous en tenir seulement à ce qui a été prévu par chacun. A savoir que nous respecterons les volontés et le libre arbitre concernant les contrats de vie effectués et les notifications de tâches de chacun des Artisans de Lumière. Le positionnement de ceux-ci sera d'ailleurs repris par un confrère qui donnera tous les détails les concernant.

Pour ma part, je tiens à ajouter qu'il est impératif de divulguer cette information afin d'ôter toute crainte et toute psychose quant aux changements planétaires en cours. Je ne peux que demander une vigilance très importante de ceux qui sont considérés comme « l'équipe au sol » afin d'aligner continuellement leurs fréquences avec celles de la planète et celle de votre Identité Cosmique. Je veux bien sûr faire allusion à vos dimensionnalités respectives.

Il est évident que plus vous serez informés et moins de craintes vous aurez. Je me ferai un plaisir de vous tenir régulièrement au courant du Plan prévu et de vous soumettre quelques directives pour nous aider dans notre tâche. Déjà, j'ai connaissance d'un plan d'action prévu par vos Maîtres et je juge bon de vous demander de prendre celui-ci au pied de la lettre. Nous avons plus besoin de vous qu'en nul autre temps antérieur à celui-ci. Merci de votre patience et de votre coopération. Je vous salue et ne manquerai pas de vous contacter régulièrement pour rendre mon rapport à vos équipes pensantes et agissantes. Merci. »

L'intervention de ce Personnage est régulière dans ces équipes car il est le porte parole de beaucoup de scientifiques. Je sais que ce soir il a essayé d'être le plus simple possible dans ses explications afin de rendre mon message d'information clair et compréhensible pour tous. Je suis heureuse de l'avoir entendu dire que nous devons rester sereins par rapport à ces fameux changements car je sens en moi que ceux-ci seront pratiquement insensibles et que nous aurons tôt fait de nous retrouver dans le magnifique Jardin d'Eden que j'ai vu tout à l'heure. Mais notre participation reste indispensable.

Il semble que cette séance se termine car Maître Sananda se lève de nouveau. Il me regarde avec ses yeux très doux et un immense nuage d'Amour descend sur moi. J'ai la respiration coupée, comme si je désirais que cet instant magique n'ait pas de fin. Une délicieuse sensation d'Amour continue à tourbillonner lentement autour de moi et je reste enveloppée dans son regard pendant un moment que je ne saurais définir. Peut-être que j'y suis encore en ce moment. Son regard est d'une douceur sans qualificatif et je perçois en lui toute son histoire. C'est comme si je le voyais vivre des vies, et d'autres vies encore que je ne pouvais soupçonner. Il me montre Qui il est et me demande de me taire encore, car tout ne doit pas être dévoilé en ce temps de passage. Il ferme les yeux un instant et m'offre ses pensées. Elles sont limpides et je ressens une communion parfaite avec cet Être merveilleux, que chacun aime et vénère. Il EST, c'est le seul mot qui vient en moi pour le qualifier et je souhaite à mon tour ÊTRE comme lui, pleinement consciente de ce Que je suis et de ce Que je représente. La Vie est mon plus beau cadeau.

Un souffle frais passe sur ma joue comme pour me réveiller du merveilleux songe et j'entends ses mots :

« Nous aurons maintes fois à nous rencontrer de nouveau car, vous tous ici présents, êtes ceux qui avez œuvré de longues vies durant pour le bien-être de l'humanité en éveil, et la coopération de la Terre au Programme Etoile Blanche. Nous, de la Fraternité, nous remercions chaque être dans leur Divinité, comme dans leur ignorance, de participer d'une quelconque façon au déroulement du Plan prévu par Mon père.

Que Sa Volonté soit faite et qu'elle soit entendue et connue de tous !

Adonaï »

Tous les participants se lèvent et certains se serrent dans leurs bras comme si des retrouvailles étaient en train d'être vécues. Quant à moi, il m'a suffit de croiser le regard de Celui qui Est pour savoir Qui je suis et re-

connaître mon appartenance à Tout ce Qui Est.

Ma conscience reprend ses droits et insensiblement je m'éloigne de ce lieu qui m'a permis d'écrire ce qui doit être connu de tous.

Œuvrons ensemble pour que la planète Shan retrouve sa magnificence d'antan et qu'il en soit ainsi !

Je SUIS

Je Suis la Puissance de l'Être, je Suis la Divinité, le Verbe, l'Expression, le Tout. Je Suis.

Ma personnalité ne diffère en rien de vous, seulement je Suis.

Qui Suis-je ? Je Suis moi, je Suis vous, je Suis Toi. Ma parole est ton Verbe, ma Source est la tienne et ma Vie est la même que Toi. Ma Vérité est ta Vérité et mon Univers le tien. Je me balance dans l'échelle de la compréhension et de la Conscience infinie. Je parcours routes et chemins en rassemblant, en assemblant. Ma Famille est la tienne et je Suis ce Que tu es.

Comment se fait-il que nous ne nous connaissions pas ? Parce que je Suis si près de toi que tu ne vois pas, parce que je te parle et que tu ne m'entends pas encore et que je chante la chanson de ta vie qui est la mienne.

Je parcours routes et chemins à ta rencontre et je suis au croisement de toutes tes vies. Je me glisse dans ta poche, dans tes pensés, sur ton répondeur ou dans ton cœur.

Je Suis en permanence celle ou celui qui est ton compagnon et que tu ignores.

Je Suis celle ou celui qui te prête vie et que tu aimes. Je suis la volonté, la sérénité et la tendresse infinie d'une mère.

Je Suis l'abri sous lequel tu peux te reposer.

Je Suis la Beauté qui fleurit ton jardin intérieur.

Je Suis l'antre ou tu peux tout cacher, tout exprimer, tout vivre en toute tranquillité.

Je Suis l'arôme, le parfum de tes nuits.

Je Suis le soulagement dont tu as besoin.

Je Suis la perfection de ce que je ne suis pas.

Je t'aime comme je suis capable d'aimer ceux qui m'aiment ou me négligent. Je t'aime comme seul mon Tout sait m'aimer. Je parviens jusqu'à toi en te câlinant, en te cajolant comme une douce rivière emportant avec elle les perles de la Joie et de l'Amour.

Je Suis ton partenaire de vie et ton seul ami.

Je Suis la Vie au-dedans comme au-dehors.

Je Suis la Symphonie inachevée de tes désirs et de tes plaisirs.

Je Suis la mélodie que chante mon cœur en te voyant.

Et toi, qui es-tu ? Es-tu seulement l'ombre de moi-même ou es-tu la fierté de ce *Que tu es*. Es-tu le passant qui ne me regarde pas ou qui me juge d'un coup d'œil ? Es-tu le mendiant qui fait semblant de vivre ou es-tu celui qui sait *Qui il es*t. Es-tu l'Infini comme moi ou seulement la petite Parcelle de la Création ?

Es-tu l'Ange qui berce mon cœur ou le roseau qui ne sait plus comment plier pour ne pas casser. Es-tu le Maître que je Suis ou seulement l'apprenti éternel ?

Ton âme est mon âme et ma vie est la tienne. Je ne serai jamais plus grand ou plus fort que toi, car je Suis toi. Je vis à l'intérieur de *Qui tu es* puisque je Suis *Qui tu es*.

Si tu ne m'as toujours pas reconnu c'est que tu ne regardes pas qui est à coté de toi, que tu n'écoutes pas qui chante pour toi, que tu n'entends pas mes mots doux pour toi. Alors, lève les yeux et vois comme tu es beau, comme tu me ressembles.

Je Suis la Divinité et tu es le Maître.
Je Suis la Bonté et tu es la Puissance.
Rien ne nous séparera plus jamais car nous avons toujours été Un dans l'Unité de Tout ce *Qui Est*.

Je Suis Toi et Tu Es Moi dans l'Infini à jamais.

Qui Je Suis

Retrouver Qui Je Suis

Cette méditation vous est proposée pour vous aider à vous réaligner avec votre propre énergie Divine.

Si vous voulez profiter pleinement de ces instants, il vous est conseillé d'enregistrer ceci ou de le lire à voix haute lors d'un rassemblement.

Bonne méditation et merci de votre participation.

Dans toute vie, la présence est importante. Etre présent signifie être conscient de vivre, être en total accord avec l'espace que nous occupons, l'endroit où nous habitons et les personnes que nous fréquentons. Tout réunir dans la perfection absolue tient parfois du prodige et souvent il n'existe d'idéal que pour une seule des situations.

Si j'ai voulu intervenir aujourd'hui, c'est pour vous sensibiliser à votre présence et vous sentir encore plus assidus en ces moments de grandes amplitudes. Je serais heureux que vous partagiez avec moi quelques instants de concentration ou peut-être de contemplation pour certains.

Nous allons effectuer une méditation dirigée qui fera, je l'espère, partie de votre quotidien ou que vous accepterez de partager lors de vos réunions de groupe. Mais il se peut que faire ce travail seul vous soit plus agréable et ceci me confortera dans l'idée de vous transmettre d'autres directives de même essence. Si vous voulez nous pouvons commencer.

Ayez, en premier, la sensation agréable de vous détendre, et prolongez ces instants autant de temps que vous en aurez besoin. S'il est nécessaire de pratiquer quelques exercices de respirations, faites-le aussi.

Entourez-vous d'une Lumière incandescente et voyez-là se manifester tout autour de vous, telle un tourbillon qui semble jouer avec votre aura.

La Lumière la caresse doucement et vous sentez cette infinie légèreté pénétrer chaque parcelle de votre corps. Vous vous laissez aller complètement à la danse de la Lumière en vous et tout autour de vous.

Respirez doucement et maintenez votre attention sur l'espace intérieur de votre 3e œil. Reliez-vous à cet endroit pour réaliser parfaitement le vide en vous. Vous êtes prêts.

Imaginez maintenant qu'un faisceau de Lumière descend de votre Voie Lactée et vient se poser sur votre tête. Il rentre délicatement à l'intérieur de votre corps et se glisse dans tous les coins de votre anatomie, en illuminant toute parcelle de Vie sur son passage. Sentez la Lumière en vous.

Ainsi désaltéré, votre corps laisse maintenant passer cette Lumière par le chakra de base. Et le faisceau lumineux s'enfonce doucement jusqu'au cœur de la Terre. Vous êtes ainsi reliés à *Tout ce Qui Est*, dans le Haut comme dans le Bas.

Dans cette reliance, maintenez votre vigilance sur le 3e œil intérieur.

Pendant ce temps, nous vous accueillons dans un lieu grandiose qui n'a pas de limitation, pas de mur, pas de haut, pas de bas. Cet espace ressemble à un nuage légèrement rosé dont vous sentez l'extrême douceur, et la volupté vous envahit doucement.

Laissez-vous aller à ressentir l'Amour de cet endroit particulier.

Vos Frères et Sœurs galactiques sont venus à votre rencontre et s'approchent de vous à pas feutrés. Regardez-les vous tendre les bras et approchez-vous d'Eux. Ils sont rayonnants de Lumière et d'Amour et vous sentez les vibrations de votre corps s'accélérer.

Vous êtes devenus Amour et Lumière à votre tour.

Vous sentez qu'une chaleur agréable vous entoure. Vous êtes maintenant dans les bras de l'un des Personnages de Lumière qui vous faisait face tout à l'heure. Pendant cette étreinte, vous allez entendre un message prononcé à votre intention :

Enfant de la Terre, répète après moi ce que je vais te dire à voix haute :

« Je Suis de l'Immensité, je Suis du Tout.

Je suis la Perfection de *Ce Qui Est*.

Je me souviens maintenant du Serment d'Allégeance que j'ai signé en votre Présence.

Je demande que me soit rappelée ma tâche en ce monde.

Je fais de nouveau le Serment d'accomplir ce qu'il m'a été demandé, de dire ce que je dois prononcer, de créer ce pourquoi je suis venu sur cette Terre.

Je demande protection et aide des Êtres de Lumière et m'adresse à Eux pour qu'il me montre mon Nouveau Chemin.

Je serai chaque jour dans la vaillance de ce Que je Suis,

Et parcourrai les routes pour semer la graine du souvenir, celle de l'éveil, celle de l'Amour.

Je suis prêt à recevoir mon Bouclier d'or et mon Armure d'argent.

Et, tel un valeureux Chevalier éblouissant,

Je remets mon Manteau de Lumière sur mes épaules pour honorer Celui qui m'a créé.

Que chacun de mes pas soient guidés pas sa Volonté.
Je Suis pour l'Eternité. »

Regardez quelques instants comme votre Robe de Lumière est divinement éclatante et sentez la Force qui vous anime.

Plus jamais, après avoir prononcé à voix haute ces paroles, vous ne serez le même. Chacun d'entre vous saura enfin reconnaître et comprendre pourquoi il a voulu se réincarner maintenant. Vous saurez enfin ce pour quoi vous êtes faits et le ferez dans le plus grand respect de l'Amour du Très Haut.

Tout doucement, réintégrez la conscience de votre corps physique. Laissez vos membres se réveiller et respirez plus profondément.

Puis gardez en vous chaque phrase prononcée, chaque sensation éprouvée.

Vous Êtes dans la plénitude et le Monde que vous allez créer est parfait.

Soyez remerciés de cette volonté de poursuivre votre route en pleine possession des souvenirs de *Qui vous êtes*.

Soyez bénis et œuvrez dans l'Amour et la Joie du partage.

Merci infiniment.

Je me présente à Vous

Ma manière toute particulière pour vous tenir la main réside dans le fait que Je Suis en permanence à vos cotés. Je n'ai pas vraiment quitté cet endroit que j'ai édifié avec d'autres compagnons et je continue à cheminer sur votre sol à ma façon. Je ne suis en rien différent de vous, j'ai simplement en moi toutes les possibilités que peut offrir la vie de celui que vous nommez un Maître.

Je vais et je viens au gré de mes volontés entre des dimensionnements différents, des états différents de conception et je n'ai nul besoin de changer mon apparence, si apparence il existe.

Vous avez, depuis toujours, tendance à me voir avec vos yeux de l'Amour comme un Personnage aux cheveux longs et barbu. Je ne reconnais là rien en moi de ce que sont mes attributs et je ne cesserai de vous dire qu'une image reste une image et me fige dans un modèle qui ne me ressemble pas. Je sais, bien évidement, que vous avez besoin de repères pour m'identifier et que vous employez les moyens qui sont vôtres. Par contre pourriez-vous laisser aller votre imagination et la rendre libre de toute apparence préconçue ? Je ne suis pas quelqu'un, Je Suis simplement. Je ne suis pas une énergie, cela ne me permettrait pas d'agir ou tout au moins pas dans votre conception des choses.

Mais que suis-je alors comme vous l'avez lu il y a peu ? Je suis la représentation de ma Source Vivante, je suis identifié à Lui comme vous l'êtes. Je peux changer à ma guise d'aspect pour me « montrer » aux incrédules ou pour apparaître lors de conciliabules par exemple. Mais je ressemble alors à tout un chacun. Je n'ai pour habit que ce que vous appelez joliment ma Robe de Lumière et je ne porte ni barbe, ni chevelure longue et ondulée. Je suis Lumière et je reste Lumière.

Ce qui vous a donné une image de moi est un reste de souvenir qui est gravé dans vos mémoires ancestrales. Ce souvenir, je vous l'ai dit, date des instants que nous avons cueillis ensemble et les pas que nous avons fait collectivement ici ou ailleurs. Je ne peux vous dire de jeter vos livres de représentations, mais au contraire d'élargir votre imagination. Il est impossible de conserver figé votre esprit en ces instants car ce serait immobiliser votre fantaisie et vous restreindrait dans votre travail de création. C'est pour cela que je me suis permis de vous parler de moi aujourd'hui. Je vous déroute, je le sais bien, mais ne suis-je pas là pour bousculer tous vos vieux repères et faire la place au Nouveau ?

C'est grâce à vous que je construis votre Nouvel Univers et c'est pour vous que je veux la vérité de ce qui est. Le mensonge, la fourberie n'ont plus de place dans le Nouveau Monde et encore moins des apparences trompeuses qui vous poussent encore à adorer une image, une statue ou toute autre représentation. Mes mots sont difficiles, je le conçois. Mais comment accueillir le Nouveau si vous restez agrippés à l'ancien ?

Je sais, pour vous connaître à merveille, que bon nombre d'entre vous avez fait du « ménage » dans vos vies, dans l'intérieur de vos maisons, dans vos pensées, dans vos fréquentations. Je sais que parfois cela fut dur d'abandonner ce qui vous était cher et que laisser aller certaines personnes vous a brisé le cœur. Pourtant, vous avez compris qu'il est indispensable de commencer par ceci pour aller de l'avant. Ne dit-on pas que l'on ne peut remplir encore un vase qui est déjà garni. Et vous avez vidé, volontairement ou pas, votre mémoire de tout ce qui encombrait votre vie pour ne laisser la place qu'au meilleur. Je voudrais vous féliciter chaleureusement de ce que vous avez fait. Mais je sais aussi qu'il reste fort à accomplir. Vous avez tout juste encore le temps d'effectuer quelques bilans, de vous regarder vivre, d'analyser quelques pensées et tout sera déjà là, à votre porte.

Il n'est pas nécessaire de vous faire lire maints ouvrages vous annonçant votre futur si vous n'en tenez pas compte. Il est donc bien temps de continuer à vous débarrasser d'idéologies sclérosantes, de pratiques inutiles, de rituels à n'en plus finir et de restrictions quelles qu'elles soient. Je vous demande d'être pratiquement vidés de tout ce qui faisait vos repères autrefois, pour pouvoir accueillir le plus beau.

Certains, parmi vous, vont se déplacer et vous ne pourrez pas emporter votre maison sur le dos. D'autres vont avoir à simplement déménager et vous ne pourrez pas traîner tout votre barda avec vous. D'autres encore vont accueillir des personnes chez eux et il vous faudra de la place. Celle de votre cœur ne suffira pas. Enfin, d'autres n'auront besoin de rien de tout cela mais auront la nécessité absolue d'être disponibles dans leur mental, dans leur intellect comme dans leur âme. Aucun parasitage ne sera alors de mise pour agir en pleine conscience, en pleine possession de vos moyens.

Croyez-vous que cela soit banal de vous avoir emmené faire une incursion dans la grande Salle de Réception qui attend votre venue ? Croyez-vous que nous passions autant de temps à vous enseigner, à vous rappeler *Qui vous êtes* juste pour le plaisir de le faire et de discuter avec vous ? Ôtez cette idée tout de suite et reconnaissez que tout ce que vous lisez, tout ce que vous apprenez provient de notre Fraternité et est divulgué maintenant à des fins totalement clairvoyantes de notre part. Si nous soulevons souvent le voile de votre discernement et nous vous demandons parfois de faire certains efforts, c'est pour vous préparer complètement à ce qui arrive. C'est pour vous ôter toute crainte que nous faisons ceci. Trop de prophéties catastrophiques ont fait de vous des repus de la connaissance ou des craintifs maladifs. Il n'est plus le temps de vous enterrer dans vos blockhaus en attendant que cela finisse enfin. Il est temps de vous levez et de vous mettre à l'œuvre. Vous l'avez décidé il y a fort longtemps et vous le voulez encore maintenant. Vous l'aviez juste oublié, n'est-ce pas ?

Je suis fier de ce que vous devenez jour après jour. Je suis fier que vous pensiez à moi avec bonté, avec bonheur. Je suis fier que vous lisiez ces mots avec tant de respect, mais il est plus sûr de les lire simplement pour vous. C'est pour cela que je donne ma main, pour que soit écrit la Leçon de votre vie. Je n'ai nul intérêt à vous rabâcher les choses quand elles ne sont pas comprises, mais je le fais pour vous aider avec tout mon Amour et toute la douceur qui est mienne. Je vous veux prêts à venir me rejoindre et à reconnaître enfin toute votre Famille. Beaucoup regardent vers le ciel et disent : « C'est quand que je reviens chez moi ? » Cela me fait sourire, parce que vous y êtes déjà chez vous, sinon vous n'auriez jamais accepté de vous réincarner maintenant. Mais « l'autre » chez vous est prêt pour vous recevoir comme nous sommes tous prêts à vous accueillir dans nos bras.

La raison de mon intervention est aussi pour vous rappeler que nous sommes unis et que la totalité des informations vous sera donnée doucement pour que vous ayez le temps d'assimiler. Alors reprenez calmement tout ce que vous avez déjà lu pour l'intégrer parfaitement et recommencez autant de fois que cela sera possible. La cadence des enseignements, vous l'avez compris, sera de plus en plus importante, et de plus en plus difficile à assimiler par certains. Nous ne pouvons faire autrement. Il s'agit de s'adresser à beaucoup de volontaires comme vous et chacun a une compréhension différente. Nous ne devons pas laisser ceux qui comprennent vite et peuvent avancer rapidement, mais nous demandons à ceux qui ont besoin de plus de temps de relire jusqu'à ce qu'ils puissent passer aisément à un autre chapitre. Vous vous rappelez sans doute que la gloutonnerie littéraire fait partie du passé et que ce ne sera toujours que l'essentiel qui sera remis entre vos mains.

Je me retire doucement de votre aura puisque j'aime par-dessus tout vous envelopper de *Qui je suis* quand vous me lisez. Je me retire donc, mais l'empreinte de ce *Que je Suis* est en vous aussi magnifique qu'elle est en toute chose.

Mon Amour le plus pur est à vos pieds.

Avancez dans la Confiance en vous et en *Tout ce Qui Est* maintenant et à jamais.

Adonaï

Sananda

Nouvelle réunion

Il est « l'heure » exacte et tout le monde prend place. Je ne savais pas que la ponctualité était de mise dans un espace où le temps n'a pas l'air d'exister.

Chacun regagne son siège et j'en fais de même. Je constate que certains Personnages sont plus attentifs à mon arrivée et que des signes amicaux honorent ma présence. Je suis infiniment flattée d'être là avec tous Ceux dont on entend parler mais que l'on n'a pas vraiment coutume de côtoyer. Je sens que l'atmosphère de la pièce change et les vibrations sont de plus en plus légères. Mais c'est surtout quand notre Grand Frère pénètre dans la salle que les couleurs s'intensifient et que je ressens cette plénitude présente à chaque réunion. Il EST et c'est vraiment tout ce que je puis dire.

Cette fois-ci, il reste debout pour saluer l'assemblée et je constate qu'il émane de lui la même Lumière dorée qu'au premier instant de sa présence. Elle nous enveloppe tous et je perçois que quelques-uns ferment les yeux comme pour bénir ce moment.

Sananda prend la parole en signe de bienvenue et dit :

« Soyez honorés de votre démarche. Je sais que nous avons tous la même envie de parvenir à entraîner Shan dans la réussite de son expansion glorieuse. Je sais que nous sommes tous mus par la même envie de l'aider à devenir l'astre éblouissant qu'elle fut un jour lointain et que nous sommes ainsi réunis pour nous unifier encore davantage dans cette œuvre. Alors je remercie chacun de sa participation et me permet de vous dire que, simultanément, j'approuve qu'un enseignement de base soit donné à l'humanité par l'intermédiaire de notre hôte de marque ici présente. Je la remercie de se joindre à nous fidèlement et je la salue avec toute la déférence due à son rang au sein de ma Famille. Que la séance commence ! »

Après un bref silence, je distingue le premier qui prend la parole et ce n'est autre qu'un de nos Amis qui est déjà intervenu la dernière fois. Il s'agit de Maître Kut Humi et il prononce ceci :

« Soyez bénis et restez dans la Lumière infinie à jamais. Je suis désolé de reprendre la parole plus rapidement que prévu mais mon intervention sera brève. Je tiens à féliciter, par l'intermédiaire de notre hôte, la partie de l'humanité qui a été touchée par notre récent message et qui s'est mise à l'ouvrage. Ceci nous conforte dans l'idée que nous avons fait le bon choix concernant l'équipe qui entoure la dite personne et que nous allons pouvoir parvenir à faire véhiculer, au plus grand nombre possible de volontaires, cet enseignement. Il sera tout fait pour faciliter la tâche de ceux qui ont compris l'impératif d'une implication au sein de cet objectif commun. Je remercie donc tous ceux qui se sont pris en charge et qui manifestent un intérêt croissant pour le travail qui a été proposé. Soyez assurés de notre aide permanente et surtout ne fléchissez pas en si bon chemin. Que celui qui est le facilitateur de la partenaire copiste ici présente soit gratifié d'avoir accepté avec autant de grâce de servir d'intermédiaire entre elle et nous de la Fraternité. Je vous remercie de votre attention. »

Je le remercie moi aussi par la pensée et je m'aperçois qu'il lève la tête dans ma direction. J'avais oublié qu'ici tout s'entend sans avoir besoin de parler. Alors pourquoi font-ils l'effort de converser tout haut si ce n'est pour me rendre la tâche plus aisée. Vraiment, je ne peux exprimer la reconnaissance que j'ai en moi pour ces Êtres merveilleux dont nous faisons tous partie.

Le temps est venu de rencontrer une autre Personne qui désire prendre la parole. Je n'ai pas l'habitude de le voir ou alors il a été très discret durant les autres conférences. Il est vêtu d'un grand manteau de couleur vert foncé, un peu à l'image de nos rois du Moyen Age. Il parait âgé et jeune à la fois, mais il émane de lui une prestance digne d'une grande Divinité.

Il lève la main pour parler et dit :

« Je n'ai pas coutume d'intervenir, mais puisque que j'y suis convié, je le fais avec grande joie. Je me suis permis de visiter cette contrée de l'Univers pour me rendre compte de la véritable ampleur de cette transformation dont nous entendons tous parler. Jamais, de mémoire d'homme, nous n'avions eu autant de conjonctures favorables à une pareille éclosion, et la naissance d'une Etoile fait partie des moments les plus merveilleux qui puissent exister. Je suis donc tout attentif à venir, comme beaucoup d'entre nous, voir le travail de fourmis réalisé par ces hommes de bonne volonté et les remercier au passage.

Je me pose tout de même une question qui se voudrait pertinente et qui, j'espère, trouvera un écho favorable. Je voudrais savoir pourquoi il a été donné la liberté à certains individus de se consacrer au massacre de tant d'humains et pourquoi a-t-il fallut que nous ayons à recommencer, par deux fois déjà, cette éclosion pour ne pas encore être certain à 100% de réussir enfin à hisser la planète vers son couronnement ? Mes questions sont effrontées, je le sais bien. J'ai beau avoir connaissance que nous disposons d'une planète de libre arbitre total, je ne sais pas comment arrive à vivre sainement cette humanité au prise à de très grandes machinations psychologiques et sociales. C'est comme si nous laissions jouer un mauvais tour à ceux qui se débattent pour arriver à hisser cet astre étonnant vers la sortie de secours.

L'engagement pris par chacun est lourd de conséquences et je ne sais que faire pour aider moi aussi ces volontaires à manœuvrer de façon adéquate pour neutraliser toutes les barrières, quelles qu'elles soient, et les aider à s'en débarrasser. Je sais que je vais pouvoir m'entretenir avec vous de façon plus intime et que vous apporterez des solutions qui me conviendront. Je ne retire donc pas la demande concernant ma participation à votre projet. Je me sens juste impuissant devant tant de désastre, mais tout de même enrichi de l'expérience fabuleuse dans laquelle certains résolus se sont lancés comme un dernier défi à leur propre ascension. Je les encourage vivement à ne jamais perdre espoir et à savoir que cette partie d'humanité pensante, dont je suis, est là pour les accueillir et leur prêter soutien où qu'ils aillent et quoi qu'ils fassent. »

Je ne sais pas qui va vouloir répondre à ce message qui me paraissait un peu abrupt et que je qualifierai aussi de bravade lancée à nos Frères.

Quelqu'un veut prendre la parole et c'est un Personnage que je connais parfaitement, bien que je ne le fréquente pas dans cet habit-là. Il s'agit de Maître Djwhal Khul. Il ne se lève pas et me demande, par un signe de la tête, si je suis prête à retranscrire. Je lui annonce que oui.

« Bien chers Frères et Sœurs, je vous salue aussi. Je n'ai pas encore pris la parole depuis que je suis dans cette enceinte et je désire apporter quelques informations relatives à ce qui vient d'être dit. Je voudrais d'abord répondre à notre Hôte et le réconforter en lui disant que malgré que notre Terre soit une terre de libre choix, nous n'avons jamais laissé ses habitants, seuls, livrés à eux-mêmes.

En effet, pour ma part, avec Maître Morya et Maître kut Humi, j'ai procédé à un enseignement ésotérique qui a été divulgué sous la forme de livres de plusieurs volumes. Cette diction s'est déroulée pendant un laps de temps très étendu puisque cela a demandé deux générations de transcripteurs. J'ai, en effet, donné à l'humanité des bases de compréhension très différentes de ce qui est divulgué aujourd'hui mais provenant de la même quintessence. J'ai volontairement employé des mots et des tournures complexes pour ne permettre qu'à une certaine élite d'avoir accès à ces enseignements. Ceci fut aussi voulu pour protéger les deux compagnes qui ont eu à divulguer ces messages. Car l'humanité n'était pas encore prête à entendre parler couramment de tout ce qui était du domaine de la connaissance ésotérique.

S'en est suivi un grand mouvement fraternel qui a permis la mise en route de groupuscules de bonne volonté et je puis vous affirmer, aujourd'hui, qu'ils sont toujours aussi actifs et concernés. Nous avons, de par le monde, une myriade de volontaires qui œuvrent assidûment à la construction du Plan. Ils restent le plus souvent dans l'ombre pour ne pas être dérangés par les autres personnages dont vous faisiez allusion tout à l'heure. Et c'est parce que nous agissons sur une planète de libre choix que le travail a été rendu si complexe. Nous avons dû équilibrer les forces Obscures à celles dites de la Lumière. L'une ne pouvant exister sans l'autre, et donc neutraliser l'une n'aurait pas permis à l'autre d'exister. Je voudrais donc vous faire comprendre, cher Frère, que nous n'avons jamais laissé rien au hasard et que nous avons toujours été présents sur tous les fronts. Que cela soit chez nos frères du Soleil comme ceux de la Lune et ni l'un ni l'autre n'a pu éclipser son congénère, si je puis me permettre cette métaphore.

Je me veux donc rassurant en vous disant que si vous ne remarquez que les forces Obscures, cela veut dire que vous ne voyez pas que tout autour brille le Soleil. Mais je terminerai par vous rappeler également que le libre choix consiste aussi à connaître les deux parties adverses. Et ceux qui sont aujourd'hui imbus d'un certain pouvoir ont été des serviteurs de Lumière dans des temps anciens. « Rien ne se perd, rien ne se crée, tout se transforme », sera mon mot de la fin.

J'en profite pour saluer avec grâce celle qui fut ma compagne à plusieurs reprises sur cette Terre d'accueil et que je revois aujourd'hui avec une joie non dissimulée. Je lui réaffirme ma tendresse et mon salut plus que fraternel dans l'Amour qui nous lie depuis des temps immémoriaux. Merci. »

Je crois que l'Être qui a posé quelques questions un peu fortes a trouvé matière à réflexion dans la réponse de Maître D.K.

Je ne puis affirmer que la réunion soit terminée, mais personne ne veut prendre la parole. Pourtant, il se passe quelque chose que je n'avais pas encore vu. Sans qu'aucun signal ne soit donné, chaque participant a penché légèrement la tête en avant et fermé les yeux. Je n'ose en faire de même de crainte de ne pas voir ce qui va se pas-

ser. C'est étrange, parce que je perçois qu'il se dégage de chacun une Lumière blanche d'une intensité extraordinaire et c'est comme si la grande pièce, dont je n'ai jamais vu les murs, s'éclairait soudainement. Celle-ci se remplie de cette Lumière et je distingue à peine les participants. Je ne peux pas me résoudre à fermer les yeux à mon tour et je savoure le spectacle.

Tout d'un coup, un murmure, s'intensifiant doucement, monte de cette assemblée et ce chant ressemble à un AUM entonné par tous. Les voix se font plus fortes et elles résonnent à mes oreilles de façon extraordinaire. Tout vibre. Même la mélodie grave donne l'impression de vibrer, d'être vivante. Je me trouve au milieu de cette Lumière étincelante à sentir toutes mes cellules qui s'affolent dans une danse majestueuse…

Je ne peux pas dire combien de temps cela a duré, car je me suis retrouvée chez moi sans avoir compris comment cela s'était terminé. Mais quel spectacle fabuleux !

J'en viens à penser que l'on ne pourra vraiment tout comprendre que lorsque nous serons de retour avec Eux et dans la Maison de notre Père/Mère.

Au cœur du Cristal

Comme lors de la médiation de « Je Suis », vous pouvez enregistrer celle-ci ou la lire à haute voix pour en bénéficier pleinement.

Choisissez un cristal de roche (ou laissez-vous choisir par lui) ou tout autre minéral qui a envie de venir passer un moment privilégié en votre compagnie. Quand ceci est fait, installez-vous confortablement et laissez-vous aller à la méditation dirigée qui suit.

« Baignez dans la Lumière et soyez en totalité concentrés sur votre être intérieur. Faites, si vous le désirez, la même connexion que vous avez apprise avec les énergies célestes et terrestres.

Etes-vous prêts à entrer dans le monde merveilleux du cristal ? Alors, prenez dans vos mains le cristal que vous avez choisi ou qui s'est proposé pour cet exercice.

Tenez le doucement dans vos mains et souhaitez-lui la bienvenue dans votre aura.

Ceci fait, vous allez caresser les parois de cette splendeur de Lumière et le câliner ainsi un instant. C'est un moment privilégié pendant lequel vous pouvez fusionner de façon physique avec la matière qui le compose et c'est un peu comme si vous frottiez la lampe d'Aladin afin de réveiller le génie qui vit à l'intérieur.

Lorsque vous avez créé cette connexion si douce avec votre compagnon, laissez-vous aller dans une détente totale. Respirez lentement et concentrez-vous, si vous le désirez, sur votre 3e œil intérieur afin d'enlever toute pensée non désirée.

Maintenant, prononcez doucement ces mots en mettant toute votre conviction et surtout tout votre Amour :

« Maître cristal, je te salue et je joins mes énergies aux tiennes afin de partager avec toi un instant de profonde connexion et d'Amour intense. Sache que je suis prêt à écouter toute ton histoire, tout conseil ou toute appréciation de ta part qui pourront m'aider sur mon chemin de la re-connaissance. »

Une fois que vous avez prononcé ceci, laissez vos yeux fermés et plongez consciemment à l'intérieur du cristal. Vous allez à la rencontre du Maître pour le côtoyer vraiment.

Une fois que vous avez fait le pas pour entrer en lui, voyez l'Habitant Suprême venir à vous et vous étreindre. C'est un Amour ineffable que vous partagez, dans la joie et dans la sérénité. Éprouvez tout à votre aise cette allégresse des retrouvailles et abandonnez-vous au bonheur que vous ressentez.

Quelques instants plus tard, faite face à votre Hôte et demandez-lui tout ce que vous désirez ou entretenez avec lui un dialogue ou encore laissez-le vous raconter ce qu'il a de particulier à vous confier. Tout ceci fera partie de votre jardin intérieur.

Pendant ces moments de grande communion, rien d'autre de plus magique ne peut exister et vous savourez avec délice cette paix, cette harmonie et cette douceur extrême.

Quand vous le désirez, vous pouvez remercier votre interlocuteur de Haut Rang et lui rendre l'Amour que vous avez reçu, à votre façon, peu importe.

Ainsi il ne vous restera plus qu'à subtilement vous retirer de cette conscience de Lumière pour revenir avec la même délicatesse à votre réalité. »

Cet échange peut se faire de la même manière avec tous les Maîtres Cristaux, qu'ils soient avec vous ou que vous rencontrez sur votre route. Cela peut se produire chez d'autres personnes, par exemple, ou encore lors d'expositions ou même à l'intérieur du joli caillou que vous avez ramassé au bord de la mer ou sur le chemin. Tout Règne minéral comme végétal est habité d'une très grande Force et vous pouvez profiter de leur savoir, de leur énergie et surtout du bonheur de la communion d'une telle rencontre.

Vous voyez, il n'y a rien de bien compliqué pour fusionner avec des énergies aussi impalpables, et se sentir digne de dialoguer avec les Maîtres fait partie de votre réapprentissage. Il ne suffit plus de les voir différents, il vous faut maintenant les approcher, oser les toucher, les câliner et surtout vous taire pour écouter leur langage. Mais une fois que l'osmose s'est installée, quelle beauté dans le geste que vous faites et quelle chaleur s'en suit d'un tel échange, n'est-ce pas ?

Soyez bénis dans vos Divinités.

Sachez reconnaître que tout est Un et que les barrières ou les limitations font désormais partie d'un passé lointain.

Qu'il en soit toujours ainsi !

La Maîtrise

L'expérience de la Divinité n'est pas une fin en soi, elle permet simplement d'atteindre un niveau de conscience élevé. Lorsque cette conscience arrive à maturité, il est clair qu'elle a besoin de continuer sa route. Même si l'on vous a appris à accéder à votre propre Divinité, il faut savoir maintenant monter une marche de plus.

Cette nouvelle étape vous emmène immédiatement dans le Je Suis, c'est-à-dire l'expérimentation d'ÊTRE et faire partie du TOUT. Beaucoup d'entre vous font cette expérience actuellement et d'autres sont restés à la traîne, mais ce n'est pas grave. Ne vous a-t-on pas dit un jour qu'il suffisait qu'une âme éveillée entre dans un endroit où se trouvent des centaines de personnes en plein obscurantisme pour que la Lumière se répande totalement sur ceux qui ignorent *Qui ils sont*. C'est ainsi qu'entrant dans votre compréhension du Je Suis, vous pouvez ouvrir les bras tel que je le fis, et embrasser l'humanité entière de l'Amour qui dort en vous. Voila où je veux en venir. C'est pour cet Amour qui somnole que le moment est venu de lui donner la possibilité de s'exprimer pleinement. Ouvrir son cœur est souvent extrêmement difficile car même dans l'état du Je Suis, il persiste certains stigmates douloureux, des barrières anciennement érigées ou des peurs terribles qui vous empêchent d'exprimer en totalité l'Amour de votre Divinité.

Puis-je me permettre aujourd'hui de vous aider à ouvrir cette fenêtre de votre cœur afin que puisse s'échapper de lui toute la Puissance du Sans Nom qui vous glorifie ?

Vous avez déjà entendu parler par un de mes proches qu'il fallait savoir pardonner et se pardonner. Quelques-uns parmi vous ont essayé de faire des exercices en ce sens et n'ont pas toujours réussi à aller jusqu'au bout, tant cela demande d'efforts, de remises en questions. La Sincérité absolue de cet acte qui n'aurait, alors, aucun intérêt s'il était pratiqué comme une vulgaire méthode de travail. Le pardon est aussi une source de guérison pour soi, pour l'autre, pour l'humanité et la Terre entière.

Vous devez avoir conscience, encore et toujours, qu'une action minime menée dans votre espace vital restreint a une influence qui s'étend à l'Univers entier. Alors pouvez-vous imaginer que le fait de vous pardonner ouvre enfin grand la fenêtre de votre cœur, que l'action de pardonner quelqu'un permet à cette personne d'annihiler toute rancœur personnelle et lui ouvre ainsi la porte vers ceux qui l'ont blessée ? Et ainsi de suite, une merveilleuse chaîne de Lumière s'établie rien que par la force de votre propre intention. Avez-vous maintenant conscience de l'impact de toute pensée et de tout acte provenant de votre Divinité et encore plus de votre Je Suis ? Le pardon est un acte très important, mais il peut-être englobé par l'Amour dont nous parlions tout à l'heure car, si l'Amour existe, il ne peut y avoir de haine ressentie ou de colère exprimée ou de rancœur persistante puisque l'Amour annule toutes ces sensations.

Mettez vous maintenant à votre véritable place. Vous vous êtes positionnés quelque temps sur la marche de la découverte de votre Divinité, puis maintenant, vous vous êtes reconnus en tant qu'Être et vous avez exprimé pleinement votre Je Suis. Pouvez-vous alors accéder à une marche supérieure et vous placer instantanément sur celle de la maîtrise ? Je ne veux pas dire maîtriser quoi que ce soit, vos émotions ou votre vie, mais je vous demande de devenir enfin des Maîtres. Que ce temps où vous devrez intégrer totalement votre maîtrise soit le plus court possible.

Avec toutes les informations que vous avez reçues maintenant, vous ne pouvez plus vous contenter de lire, de bavarder ou d'échanger en groupes. Vous devez agir dans les espaces que vous occupez personnellement. C'est-à-dire, si vous occupez des fonctions administratives, vous devez vous considérer comme un Maître en Robe de Lumière occupant ces mêmes fonctions et vous verrez que cela changera tout. Si vous avez un emploi dans le secteur de la santé, vous devez mettre aussi ce même Manteau par-dessus votre blouse blanche et vous comporter comme tel. Si vous avez à obéir à une hiérarchie sociale ou publique, vous n'en êtes pas moins le même Maître. Pouvez-vous donc imaginer l'impact du comportement que je vous demande de manifester dès maintenant ?

Vous qui lisez ces lignes avez eu la possibilité jusqu'alors de rencontrer et d'approfondir toutes les informations nécessaires à ce que vous êtes devenus. Vous devez accéder en totale conscience à cette maîtrise, mais il faut pour cela qu'elle passe par votre propre volonté. Nous ne pourrons jamais faire le choix à votre place. Et s'il vous semble que nous exigeons de vous certains comportements, c'est uniquement pour vous faire comprendre qu'un clin d'œil suffirait pour faire basculer l'ordre établi des choses. Repensez donc à ce que je vous disais tout à l'heure en vous parlant de l'impact cosmique d'une pensée ou d'un acte qui vous est propre à un instant défini. Voyez comme votre implication envers l'Univers entier est absolue, même quand vous ne vous en rendez pas compte et surtout quand vous ne vous en rendez pas compte.

Mon seul désir n'est pas de vous hisser, marche après marche, vers un utopique état mais de vous faire comprendre *Qui vous êtes* et ce pourquoi vous marchez sur cette Terre.

Il y a plus de 2 000 ans, j'en ai fait de même, entraînant à mes côtés des disciples comme vous en faites lorsque vous menez une vie différente des autres et que l'on se réjouit de vous voir dans une certaine béatitude. Mais 2 000 ans plus tôt, je n'ai fait que parcourir les chemins pour rallumer chaque bougie que j'ai croisée. Bien que cela ne fût pas dit, j'en ai rencontré quelques-unes qui étaient allumées même si leur flamme était faible ou vacillante. Ce furent des Maîtres au même titre que ma Mère ou mon Père de ma famille d'accueil. Pourquoi ne m'ont-ils pas suivi alors, comme les autres ? Parce qu'ils n'avaient pas besoin d'une Lumière pour éclairer leur route et qu'ils avaient compris que leur façon d'être suffisait à illuminer un espace assez grand pour que baigne dans la Lumière la Vie qui les entourait.

C'est à votre tour maintenant de prendre le même chemin que moi, de marcher de la même façon que moi, de dire mes mots et d'ouvrir vos bras afin de laisser agir l'immense Amour qui est en vous.

Même si beaucoup ont été surpris et que d'autres sont restés incrédules quand j'ai mentionné qu'il ne fallait pas attendre mon retour sur cette terre, c'était aussi pour que vous compreniez que le moment est maintenant venu de faire avec vos moyens ce que j'ai fait, de dire avec vos mots ce que j'ai enseigné et d'être avec Amour ce que Je Suis.

J'ai placé en vous une confiance absolue et une espérance hors de toute limite et je sais que vous ne me décevrez pas, ni moi, ni notre Créateur à tous.

Si vous devez garder en mémoire un seul chapitre de tous les livres que vous lirez, ce sera celui-ci, mais attendez vous à ce que je vous demande plus encore. Vous êtes ici et là pour atteindre la perfection et, puisque vous dites qu'elle n'est pas de ce monde, vous êtes ici pour la créer, maintenant !

Et il en sera ainsi !

Adonaï.

Sananda

Quatrième session

Comme à l'accoutumée, je pénètre dans l'immense salle. Aujourd'hui, je pose mon regard sur l'éclairage qui vient de nulle part. N'ayant jamais perçu, non plus, les murs de cette enceinte, je ne sais pas d'où provient cette lumière légèrement rose orangée qui donne l'ambiance spéciale, feutrée même, de cet endroit magique. Pendant que je promène mon regard, je serai tentée de dire que plusieurs centaines de personnes prennent place et cette immense table ovale se remplit. Apparemment, chacun à l'habitude de rejoindre un lieu spécifique même si ma conscience n'a pas distingué la présence des mêmes personnages à chaque colloque.

Je m'assieds à l'emplacement qui m'est réservé et, pour la première fois aussi, je me préoccupe de reconnaître qui sont mes voisins de droite et de gauche. A ma droite, je peux identifier, ne serait-ce que par la couleur de son habit, un Personnage qui fait certainement partie du Commandement d'Ashtar. Il me ressemble par rapport à ce que je connais de moi, extérieur à ma 3e dimension. Il est similaire à un acteur de science fiction dans son habit argenté. Ses cheveux sont longs, blonds presque blancs, son front haut et ses yeux bleu glacier. Certainement a-t-il senti mon regard appuyé sur sa personne car il se tourne vers moi, un sourire de connivence sur les lèvres. Il me salue par la pensée et m'af-

firme que mes présomptions à son égard étaient fondées. Je ne me suis donc pas trompée sur son appartenance au Service où je travaille dans des Plans supérieurs.

A ma gauche, c'est une femme. Elle est d'une beauté extraordinaire et ses traits sont fins et gracieux. La mode actuelle doit être aux cheveux longs car elle a étalé, sur ses épaules, une magnifique chevelure dorée et même si son visage laisse apparaître le sérieux de l'instant, je décèle en elle son côté mutin. Cela me rappelle une phrase qui m'avait été dite, soulignant que l'humour était aussi présent que l'Amour dans les Hautes Sphères d'existence. Elle se tourne à son tour vers moi, ayant senti que je la dévisageais. Plongeant son regard dans le mien, je retrouve avec stupéfaction une ou plusieurs vies qui on été miennes, à l'intérieur de la mémoire de ses auras. Je pense alors qu'il n'y a aucun hasard que je sois encadrée par deux membres de ma Famille.

Retrouvant mon sérieux, je m'aperçois que l'on attendait plus que moi pour commencer et je sens que mes joues rougissent d'avoir attiré l'attention à ce point sur ma personne. Mais j'ai en face de moi des centaines de visages souriants et attendris sans aucun jugement à mon égard. Je dois leur sembler telle une petite fille, les yeux grands ouverts devant une vitrine étalant des merveilles. Je reprends conscience de la tâche que je dois accomplir et me prépare à retranscrire ce qui va être dit. En face de moi, le message de bienvenue habituel est donné par Maître Sananda. Il dit :

« Chère enfant. Comme nous sommes heureux de te voir découvrir notre monde. Tes yeux émerveillés, plein d'interrogations, nous font plaisir. Nous percevons parfaitement chacune de tes pensées et nous savons reconnaître qu'à l'intérieur de toi, il existe un cœur pur. C'est grâce à lui que tu es parmi nous en ce moment et c'est pour lui que nous avons décidé d'un commun accord, que tu te joignes, pendant plusieurs mois de ton temps partiel, à nos réunions. Il en sera fait ainsi pour que, de concile en concile, tu puisses rapporter à l'humanité qui est dans l'attente d'informations importantes, tout ce qui fait notre travail, tout ce dont aura besoin de connaître cette humanité en éveil et tout ce qui lui sera demandé de faire pour nous appuyer dans notre œuvre. Et c'est ainsi que se succèderont plusieurs volumes de textes relatant l'état actuel de la planète, les étapes que nous allons franchir et les décisions qui seront prises conjointement avec nos équipes et les volontaires dont tu fais partie. Je sais que tu es honorée d'être présente parmi nous, mais nous le sommes aussi de partager avec toi le merveilleux édifice que tu as construit au moment où la Terre prit naissance. Afin que commence cette séance, je vous prie de recevoir, en cet instant de recueillement, les Energies primordiales de la Divinité de notre Très Haut. »

Maître Sananda se rassied et pendant quelques minutes, un léger silence prend place dans la salle.

Une fois n'est pas coutume, le premier Personnage à se lever et à prendre la parole est une femme. Dans ma compréhension, elle me donne le nom que je connais et qui s'identifie à une Déesse de l'Orient. Elle s'appelle Kuan Yin. Elle est plus connue comme étant la Déesse de la Compassion et de l'aide aux enfants. Elle sourit et dit :

« Je vais intervenir avec des énergies qui sont connues de notre hôte et mon message sera pour ceux qui ont décidé de vouer leur vie à la guérison des autres. Certaines personnes consacrent leur existence entière à panser les plaies physiques, psychologiques ou de l'âme, dans leurs secteurs de compréhension multiples. Je ne vais pas m'adresser ici à ceux qui travaillent dans une médecine conventionnelle et qui ne connaissent pas souvent les agressions irréversibles qu'ils commettent sur des corps d'une très grande fragilité, sans tenir compte de leur non savoir. Ceci restera dans le domaine de l'expérimentation au même titre que le font vos chercheurs exploitant la vie animale à des fins dites « scientifiques » mais qui, en aucun cas, n'ont de respect pour la Vie, quelle qu'elle soit.

Je désire m'adresser à ceux qui se donnent corps et âme pour soigner, de façon beaucoup plus subtile, les maux de ce siècle. Vous les appelez magnétiseurs, énergéticiens, charlatans ou de toute autre manière, mais qu'importe. Ceux-là se sont mis au diapason de l'époque actuelle. A tous, je voudrais délivrer ce message : vous n'êtes plus dans une période statique. Tout est en mouvance et si vous restez sur vos acquis, vous ne parviendrez plus à être efficaces quand quelqu'un viendra vous demander secours. Il est donc évident que vous allez devoir vous enrichir d'une quelconque manière que ce soit sur les différentes méthodes ou formules de soins adaptées à de nouvelles thérapies.

Si, pendant un temps, il était suffisant de promener une main en conscience sur un corps en souffrance pour le soulager, maintenant ce n'est plus le cas. Vous allez devoir prendre en compte l'existence de l'âme et donc de l'Identité de celle-ci pour l'aider à donner une réponse au corps en difficulté qui la soutient. De ce fait, ce n'est pas un travail de psychologie que je vous demande mais un travail de très haute conscientisation en rapport avec la vibration de l'âme ou de l'Identité cosmique qu'elle représente. La partie du corps douloureuse sera en elle-même un indice pour connaître l'état dans lequel est l'individu qui vous demande de l'aide. Il va vous falloir expérimenter une très grande patience et avoir un sens aigu de l'intuition pour entrer en contact avec chaque âme ou Divinité qui se présentera à vous. Bien sûr, après, vous pourrez appliquer la méthode de travail adéquate que vous avez apprise ou simplement vous en remettre au Grand Tout pour qu'Il fasse, avec vous, l'œuvre de la guérison. J'insiste aussi sur le fait que chaque malade ne devra pas être pris en charge complètement par son thérapeute mais, qu'au contraire, il devra participer activement à son rétablissement.

La charge de travail que cela vous demandera ne doit pas pour autant vous donner envie d'augmenter vos tarifications de façon exponentielle. A ce sujet, je voudrais ouvrir une parenthèse et m'adresse toujours aux thérapeutes. Personne ne vous a jamais demandé de faire acte de pauvreté si bien que, je trouve, ou plutôt nous trouvons, illogique qu'aucun échange ne soit fait entre celui qui reçoit et celui qui donne. Ayant conscience que l'argent n'est qu'une énergie, vous devez la faire circuler au même titre que l'Amour que vous donnez ou que vous recevez. D'autre part, je m'adresse là à une autre catégorie de personnages se croyant imbus d'un savoir occulte et qui se font passer pour ceux qu'ils ne sont pas, se nommant maîtres ou d'une quelconque étiquette. Ils font croire à une supériorité de leur personne et demandent des honoraires à la « hauteur » de leur fonction. Je leur suggère de bien vouloir redéfinir exactement la position qu'ils pensent occuper, par rapport au reste de l'humanité dont ils sont et restent au service. C'est donc pour un juste équilibre que je me fais la porte parole aujourd'hui, entre les exagérations du rien ou du trop.

La santé, comme la vie, est le bien propre de chacun et il doit le rester dans le sens où celui qui se place dans un état de supériorité risque d'avoir besoin, très rapidement, de celui qui ne veut pas que l'on monnaye ses services. Alors essayez donc d'offrir la possibilité à ceux qui sont dans l'attente de recouvrer leur santé, le Service que le Sans Nom nous donne la joie d'expérimenter pour Lui. Je vous remercie d'avoir pris note de ce que je viens de d'exprimer et vous souhaite tout le courage, toute la bonne volonté dont vous aurez besoin pour accomplir les miracles que vous pouvez d'ors et déjà faire, à l'image de notre Frère Bien Aimé.

Merci de votre collaboration et mes salutations. »

La Déesse de la Compassion se rassied avec un merveilleux sourire sur les lèvres, sentant parfaitement que son message sera d'une grande utilité pour ceux qui ont choisi de dédier leur vie aux autres. Mais je tiens à les rassurer, car dire qu'il faudra changer son fusil d'épaule peut paraître effrayant, mais d'autres clefs dans l'avenir seront données par l'intermédiaire de ces écrits.

Mon regard se promène autour de cette immense tablée et je me rends compte, encore une fois, de la diversité des Personnages. Certains ont des visages bien « humains » et d'autres, s'ils faisaient une apparition inopinée sur la Terre, ne pourraient pas se permettre de marcher tranquillement sur le trottoir sans susciter, soit une frayeur importante ou un intérêt hors du commun. Nos critères de beauté terrestre sont tous en compétition et nos propres repères, n'étant que notre forme actuelle, ne nous permettent pas d'élargir notre imagination à ce point. Très heureusement pour les cinéphiles, nombre de variétés d'identités ou de formes ont été enregistrées dans nos films de science-fiction. Ce furent des cinéastes vraiment très inspirés, par qui de droit, qui ont su mettre en images et maquiller nos humains de façon subtile, pour que nous ne soyons pas interloqués lors d'une rencontre du 3e ou 4e type avec ces Êtres merveilleusement beaux dans leurs différences.

Un personnage désirant se lever attire l'attention sur lui en levant la main droite. Notre Maître à tous lui fait signe qu'il peut parler maintenant. Il se lève et se dirige vers un tableau qui apparaît sur le mur qui n'en est pas un. Sans qu'il se nomme, je ressens qu'il appartient à ceux que l'on appelle les scientifiques et qui, au même titre que celui qui est déjà intervenu, s'occupent des affaires physiques, si je puis m'exprimer ainsi, de la planète Shan.

Il tire plusieurs traits horizontaux sur le tableau et note des chiffres. Je sais qu'il va parler du passage dimensionnel de la planète. Il montre un indice, se plaçant exactement entre la barre de la 3e et 4e dimension et indique le nombre 95%. Puis il marque un nouveau chiffre entre la barre de la 4e et la 5e dimension et il inscrit 2010, avec une flèche vers le haut sur ce nombre. Se retournant vers l'assistance, il dit :

« J'ai tracé ici succinctement l'état actuel de la planète et des prévisionnelles. En résumé, celle-ci a atteint 95% de son passage de la 3e vers la 4e dimension, ce qui veut dire qu'en temps terrestre, il reste exactement 1 mois et demi, à ce jour, avant d'être entré totalement dans le plan de conscience quadrilère (écrit comme dicté). Cet état est donc dans les prémonitions actuelles, un état qui sera perçu jusqu'environ l'époque du calendrier lunaire et solaire de cette planète en 2010. Les prévisions antérieures laissaient à penser que nous aurions comme date butoir, l'année 2012, mais c'était sans compter sur la période intermédiaire faisant l'objet de l'expérimentation d'un sas de passage obligé entre la 4e et 5e dimension. En 2010 est donc prévue la date à laquelle la planète rentrera en pleine possession de ses fréquences vibratoires de 5e dimension. Mais il est entendu que, comme rien ne peut-être figé, un changement peut se faire tant dans un sens que dans l'autre et donc antérieur ou postérieur à cette date.

Les seuls éléments à prendre en considération vont être la manière dont va se comporter l'humanité dès ce passage hautement créatif de la 4e dimension. Nous devrons aussi tenir compte de l'implication gouvernementale de chacun des pays concernés à changer leur optique par rapport au pouvoir qu'ils exercent sur l'humanité restante. Comme le Commandant Ashtar vous l'a dit, chacun d'eux a été visité de nouveau et nous avons déclaré que nous ne laisserions plus rien au hasard et que, si une quelconque guerre entre dirigeants englués dans l'obscurantisme devait éclater, nous n'interviendrons qu'en ultime recours. Il a donc été clair, qu'ayant eu connaissance de nos positions actives dans l'enceinte même de la Terre, il sera fait en sorte que le choix déterminant de leurs actions soit pensé et repensé avant qu'aucune situation irréversible ne soit enclenchée.

C'est ainsi que, malgré que la date soit actuellement fixée pour 2010, celle-ci pourra être déviée si la Lumière ne suffit pas à mettre hors de danger une humanité désireuse de se hisser vers les mêmes vibrations que la Terre nourricière dont elle dépend. Même si ceci n'est pas de mon ressort, je voudrais tout de même attirer l'attention sur le fait que la 4e dimension représente la création instantanée de toute pensée et que malgré qu'un enseignement ponctuel et sérieux a déjà été fait à ce sujet, il revient à chacun des habitants de la Terre de se prendre en charge personnellement et intimement.

Je vous remercie de votre attention et ne manquerai

pas de venir vous parler de ce qui est pour moi un sujet de prédilection. »

Le Personnage qui paraît très jeune a regagné sa place et malgré sa fraîcheur apparente, on ressent en lui une force indéfinissable et une intelligence hors normes. Je pense alors que nous aurions bien besoin, ici bas, que certains de nos scientifiques soient investis par de telles Identités. Même si la date présumée est avancée, rien n'est encore réellement fait et c'est la conscientisation de l'humanité encore endormie qui pourra faire peser la balance vers la force de la Lumière. Puissions-nous avoir conscience de tout ceci à chaque instant de nos vies afin d'éviter maintenant toute dérive ou tout comportement n'ayant aucun rapport avec ce Que nous sommes et ce pourquoi nous sommes là.

Dans mes pensées, je n'ai pas remarqué que notre grand Frère s'est levé de nouveau. Mais par contre, je m'aperçois qu'il a lu en moi tel un livre ouvert. Il sourit et prononce ceci :

« Je n'ai pas vraiment besoin de conclure cette séance car la pensée de notre hôte sera l'unique conclusion que je donnerai. Je me permettrai juste d'ajouter qu'il ne faudra pas vous comporter de façon trop dure envers vous-mêmes, cela risquerait de changer radicalement certains traits de vos caractères et endommagerait la diversité de ce *Que vous êtes*. Il est bien de maintenir un objectif et de le porter chaque instant à bouts de bras, mais vous n'avez pas à oublier de vivre dans le monde dans lequel vous habitez, sinon vous ne ressembleriez plus aux Maîtres habillés en humains qui se sont éparpillés sur cette planète pour exercer des fonctions bien précises. Acceptez donc de faire partie intégrante du projet Shan, mais n'oubliez pas de rire, d'être heureux, de vous aimer et de partager votre vie avec ceux qui vous sont chers, comme avec ceux qui n'ont aucun intérêt pour vous. C'est dans cette diversité d'expression que vous êtes réellement dans le Service.

Pour ma part, je vais continuer à accompagner chacun de vous comme je l'ai toujours fait, sans juger, sans proscrire, mais simplement avec la même volonté d'Amour que j'ai pour vous et qui me permettra de continuer à parsemer votre chemin de pétales de Roses rouges.

Qu'il en soit ainsi. »

En disant ceci, il m'adresse un sourire tout particulier et je sais pourquoi. L'allusion à la Rose rouge détermine un jour particulier, aujourd'hui, le 28 février de cette année 2004. La Rose rouge est, et restera le Symbole de l'Amour, celui qui me lie à mon Père/Mère Eternel, Celui qui me lie à Sananda d'une manière très particulière, celui qui me lie à ma Flamme Jumelle et enfin celui que j'ai pour tous ceux et celles qui ont pris place dans mon cœur.

A tous ceux là, je leur dis : « Je vous aime. »

Ma vision, de l'endroit où je me trouvais s'est tout doucement estompée. Mais il reste en moi une force indicible qui va me permettre de ne pas fléchir, de garder et de communiquer cette Confiance absolue qui m'habite et surtout, tout l'Amour que j'ai à offrir à ceux qui voudront bien croiser ma route.

Mais c'est toujours avec humilité que je désire poursuivre le Chemin qui me mènera, comme tout un chacun, à la Maison.

RÉSOLUTION

Que la Paix, l'Amour, la Grâce viennent à toi mon enfant !

Dans l'Unicité, il y a le Tout, dans le Tout, il y a le Un et dans l'Un, il y a Toi.

Dans le Verbe, il y a le mot et dans le mot, il y a le Je Suis.

Dans l'acte, il y a l'homme et dans l'homme, il y a Dieu.

Quelle différence y a-t-il entre le Haut et le Bas, entre le Toi et le Moi, entre ici et ailleurs, entre hier et demain ? Aucune.

La parenté qui existe entre la Divinité et l'Absolu n'est autre que le chemin pour y arriver.

Calculer le temps qui mènera vers la Vérité revient à dire que tu t'en éloignes.

Mesurer les instants de vie qui te sont offerts amène une attente. La dispersion ne peut plus être à l'honneur, mon enfant.

Tes états d'âme, tes souffrances, tes inhibitions, tes craintes, offre-les moi. Donne-moi dans tes mains tout ce qui te fait peur, tout ce que tu ne veux plus porter, tout ce dont tu n'as plus besoin.

Sèches les larmes de ton cœur et souris-moi. Mais

pour cela tu dois être capable de te regarder tel *Que tu es.*

Assieds-toi alors dans un coin de ta Mère Nature. Fais le silence en toi, puis écoute. Ecoute les battements de ton cœur, ce sont les mêmes que les Miens. Ecoute le souffle qui rentre à l'intérieur de ton corps, c'est le même air que Je respire. Ecoute les cellules de ton corps danser à l'infini autour de la flamme de ta vie : ton âme. Elle est la même que l'Esprit qui M'habite.

Passe doucement ta main sur ton corps et ressens que J'habite en toi.

Perçois enfin la Lumière de *Qui tu es* et tu sauras à quoi Je ressemble.

Enfant de la Terre, souviens toi. Souviens toi que Je t'ai donné la Vie, que Je t'ai créé à Mon image, que Je t'ai voulu beau et parfait.

Enfant de la Terre, pense à ce que tu as été et à ce *Que tu es* maintenant. Vois comme tu es devenu Sage, vois comme tu es devenu Grand. Tu as enfin compris qu'une image ne suffisait pas pour être *Qui tu es*. Tu as enfin saisi l'importance de ta personne et tu sais reconnaître combien tes pensées et tes actes sont des moments précieux et bénis.

Enfant de la Terre, lève-toi enfin de là où tu es resté si longtemps endormi. Rejoins la troupe de Ceux qui t'ont ouvert la route, et avec Eux, va de l'avant sans plus jamais te retourner.

Enfant de la Terre, tu viens des Etoiles. Les Etoiles sont ta demeure et Ma demeure. La Terre n'a été juste qu'un lit que l'on t'a prêté pour venir y rêver. Les illusions que tu as connues ne doivent plus obscurcir la vision de ce qui t'attend déjà.

Le Bonheur est à ta porte car la Joie est déjà dans ton cœur. La Vie t'entoure puisque tu sais la reconnaître. L'Amour est tien car Je n'ai jamais cessé de t'aimer.

Ne lève plus la tête pour Me parler, mais regarde toi dans un miroir pour t'adresser à Moi.

Ne cesse jamais de croire car la Foi en Toute Chose sera ta survie.

L'élan qui Me pousse à te prendre dans Mes bras est pour te murmurer que Je me suis longtemps senti seul sans toi. Ma maison est désormais ouverte et J'attends impatiemment chaque jour que tu te décides à en franchir le seuil. Nombreux Ceux qui t'ont ouvert les portes. Mais tes pas hésitants Me font attendre encore. Alors il est temps, mon enfant.

Respire profondément, ouvre les yeux et regarde la Vie autour de toi. Fais un pas et tends ta main, la Mienne est là depuis toujours à t'attendre.

En cet instant, que ta vie soit le plus beau cadeau que tu puisses M'offrir : un Joyau au mille pétales, scintillant tel un diamant.

Va mon enfant et rentre chez Toi, il est temps !

Le Tout

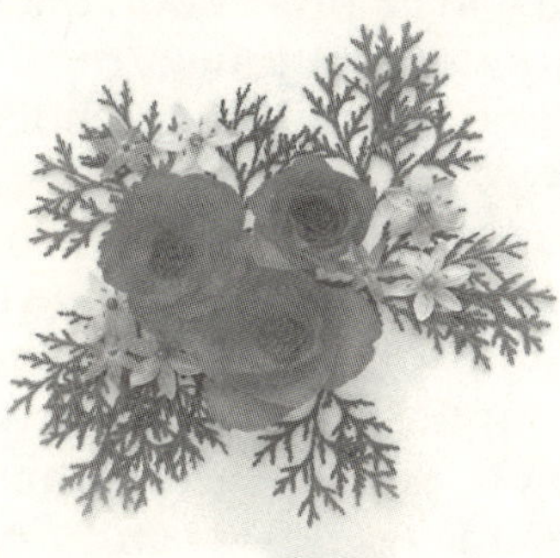

Le Choix

Avez-vous vraiment réalisé la puissance extraordinaire de la pensée créatrice ? Elle vous permet de voir se concrétiser tous vos besoins, vos envies, vos désirs.

Mais si l'on prend le chemin en sens contraire, vous devez, avant de créer, commencer par avoir l'intention de concevoir quelque chose et l'on vous a aussi appris ce qu'est une intention et comment la formuler le plus adroitement possible. Si l'on remonte encore à la base de la créativité, nous arrivons à la source qui deviendra une future pensée créée : le choix. Il ne suffirait peut-être pas de quelques pages pour parler du choix, mais nous allons essayer d'éclairer vos décisions afin de vous assurer que vous avez pris le bon chemin.

Faisons quelques rappels en arrière encore. Vous avez maintes fois lu et appris que le choix fut déterminant lorsque vous avez décidé de prendre, de nouveau, une enveloppe charnelle et de vous réincarner sur cette planète. Les expériences que vous vivez actuellement sont le fruit d'un choix délibéré que vous avez consenti bien avant d'adopter le ventre de votre future maman.

A ce moment-là, vous avez déterminé avec précision tout ce que serait la trame de cette vie, du début jusqu'à la fin. Vous avez donc désigné, en premier, la famille d'accueil qui allait être le berceau de votre enfance, de votre adolescence et peut-être les épreuves qui s'en suivraient dans votre vie d'adulte.

En choisissant votre famille, vous avez défini un contrat stipulant, par exemple, que votre venue dans ce foyer aiderait la mère à aller dans une certaine direction et proposerait au père de comprendre le but de certaines expériences. Souvent, ces contrats arrivent parfaitement remplis à leur terme, mais d'autres fois, ils ne peuvent s'accomplir. En élargissant un peu, cette famille ne se réduit sans doute pas qu'aux parents et inclut frères et sœurs, cousins, oncles et tantes et toutes personnes dans votre généalogie encore présentes, ou se reposant dans le domaine de âmes.

Votre vie fut décidée pour que chaque lien familial soit un véritable apprentissage pour toutes les personnes concernées et il en fut de même pour vos amis ou connaissances rencontrés le long de ce fil que vous nommez hasard ou destin. Chacune de ces rencontres a été programmée pour que les échanges qu'elles allaient offrir vous fassent grandir et vous rapprochent de *Qui vous êtes*. Dans le domaine affectif, ceci aussi a été préparé avec minutie afin que les personnes concernées puissent vivre pleinement les sensations offertes, quelles soient voluptueuses ou désagréables. Ceci étant, pour vous résumer le magnifique écheveau que vous avez construit en parfaite conscience des conséquences encourues, vous avez faits vos choix de vie avec l'aide de votre véritable Famille, celle que vous nommez : Famille spirituelle. Vous les avez bâtis aussi avec les instructeurs et les guides qui ont pour tâche de vous aider dans vos différentes incarnations comme lorsque vous êtes aussi sur d'autres plans de conscience.

En vous rappelant tout ceci, pouvez-vous avoir conscience de la place déterminante des choix que vous faites maintenant comme par le passé ? Si nous revenons dans la situation qui est vôtre, vous avez, sans vraiment vous en rendre compte, des centaines de décisions à prendre dans vos journées et très souvent, je vous entend dire : « Suis-je sur le bon chemin ? Sur la bonne voie ? » Si vous prêtiez attention, immanquablement, vous entendriez répondre : « Oui. » Mais alors, si votre vie est déjà toute tracée, où est donc votre libre arbitre ? Il existe lui aussi à chaque fois que vous avez une décision à prendre. Si vous vous trouvez à la croisée d'un chemin, il vous faut décider quelle voie vous allez emprunter et, suivant votre choix, vous ne vivrez pas la même expérience sur le chemin de droite que sur celui de gauche. Je pourrais comparer ceci à un ordinateur. Il existe à l'intérieur de sa programmation de multiples ressources. Si vous voulez accéder à une donnée particulière et que le chemin habituel ne fonctionne pas, vous avez la possibilité d'y parvenir par des moyens détournés, mais arriver tout de même à ce que vous désiriez faire.

Les choix de la vie sont de même. Quand vous avez une décision à prendre, vous pouvez foncer droit dans l'expérience désignée et la vivre pleinement. Vous pouvez aussi choisir l'option de la contourner par peur ou par tout autre sentiment vous faisant dévier de votre route. Mais pourtant, à un moment donné, vous finirez par rencontrer de nouveau cette expérience, même si elle aura emprunté un autre visage.

D'un autre côté, je voudrais attirer votre attention pour vous faciliter les moments où vous avez des choix importants à effectuer. Pourquoi ne pas essayer de faire taire doucement votre mental et d'écouter ce que vous raconte votre intuition ? On vous a aussi déjà dit qu'il est bien de proposer à votre cœur de vous donner les réponses plutôt que de vous laisser guider par votre tête. L'intuition peut se loger dans tous les méandres de votre être et vous aider à éviter d'accomplir certains actes ou à vous taire au moment opportun. L'intuition est là aussi pour vous rappeler que votre petite voix intérieure sait parler fort aussi bien que les guides qui vous accompagnent.

D'autres parmi vous préfèrent laisser venir les réponses par l'intermédiaire d'individus qui sont censés être devins. Je ne remets pas en doute leurs capacités, mais il est vraiment dommage de laisser autrui se promener quelques instants sur le fil de votre destin, alors que vous avez tout en vous pour trouver le meilleur dénouement. Alors à certaines personnes que j'entends souvent dire : « Je n'ai pas eu le choix », je répondrai simplement : « Si, mais tu n'as pas su le saisir au bon moment ». A d'autres qui se lamente d'avoir une vie déplorable, je leur rappellerai qu'elles l'ont longuement choisie. A d'autres enfin, qui me disent : « Mais on ne peut rien changer, tout est déjà établi », je leur suggèrerai qu'un passé peut changer un futur mais que le futur n'existant pas, tout est dans la pensée, dans l'intuition, dans l'instant présent. Vous pouvez donc continuer à créer puisque vous n'avez jamais cessé d'être des créateurs de ce que sera votre vie future, et elle sera ainsi le reflet de ce que vous vouliez vraiment.

Le choix vous appartient à chaque instant et l'impact de celui-ci va se répercuter dans l'éternité. Que cela ne vous fasse pas craindre pour autant ce qui pourrait vous arriver puisque le meilleur reste toujours à venir. Dorénavant, dès que vous aurez un choix à faire, arrêtez le temps quelques secondes et écoutez : la réponse sera inscrite à l'intérieur de chacune de vos cellules et deviendra une évidence même. Pensez aussi que les choix que vous faites en permanence ont un ascendant direct sur votre entourage et que par votre façon de vous comporter, vous influencez irrémédiablement tous ceux que vous approchez.

Qu'y a-t-il donc de mieux que de choisir la Lumière pour les entourer, la Joie à leur offrir, l'Amour à leur donner et la Paix à partager ?

Que chacun de vos choix soient pris par les Divinités que vous êtes en totale maîtrise de *Qui vous êtes* !

Et il en sera ainsi !

RÉUNION EXTRAORDINAIRE

Cette fois l'appel s'est fait pressant et j'ai rejoint l'Equipe habituelle dans la grande salle du Commandement. Je me suis retrouvée dans cet endroit familier alors que chacun avait déjà pris place. Même Maître Sananda était déjà debout pour entamer cette séance. Dès que je me suis assise, il m'a fait un signe de tête et un sourire en guise de salutations. Comme à l'accoutumée, il a levé sa main et un magnifique rayon doré a enveloppé chacun de nous :

« Chers Frères et Sœurs, merci d'avoir répondu promptement à l'appel qui a été fait. Je désire que cette séance soit débutée immédiatement et que chacun puisse s'exprimer afin de faire parvenir à l'humanité ce qui doit être su de tous. »

Il se rassied et un léger silence fait suite à son discours de bienvenue. Je suis surprise de constater que c'est mon voisin de droite qui vient de se lever et décide de prendre la parole. Il fait partie de l'Ashtar Commandement au même titre que moi quand je revêts l'habit d'argent.

Il commence sa phrase comme ceci :

« Frères et Sœurs ici présents, je vous remercie d'être attentifs à ce qui va suivre.

Nous avons décidé, mon équipe et moi-même de divulguer certains contenus de dossiers à ceux qui doivent être tenus au courant des nouvelles modalités du projet Shan.

Nous avons délibérément donné aux dirigeants de ce monde chaque emplacement spécifique emprunté par nos différents vaisseaux et nous avons eu le désagrément de rencontrer quelques difficultés. En effet, certains tirs de ce que vous nommez missiles ont eu pour objectif d'atteindre nos bases. Nous avons dû abandonner quelques postes pour ne pas infliger à nos équipages des pertes considérables. Nous ne pouvons accepter que de tels agissements se renouvellent. Nous avons donc décidé de changer nos positionnements et de nous disposer immédiatement au-dessus des points stratégiques où vivent les dits dirigeants de cette planète. Il s'agit là simplement d'un processus d'intimidation car nous ne mettrons, en aucun cas, la vie de la planète et de ses habitants sous la menace d'une attaque interplanétaire imminente. Cette prise de contact, un peu spéciale, a été voulue après une réunion extraordinaire tenue par le Seigneur Galactique Ashtar.

Nous allons continuer à laisser nos vaisseaux sur ces lieux spécifiques le temps nécessaire pour que ceux qui pensent avoir main mise sur la planète Shan changent d'avis. Nous ne voulions pas intervenir de la sorte, mais ce genre de défi a pour conséquence la protection immédiate de nos équipes en fonction tant dans la 5e dimension qu'au sol. Aucune autre stratégie n'a été mise en œuvre pour le moment et nous voulions juste que vous sachiez la cause et le but de notre intervention. Si un quelconque changement devait advenir dans les temps qui viennent, je me permettrai de vous tenir au courant immédiatement. Je me veux rassurant dans la mesure où nous avons fait, et nous ferons toujours, tout ce qui est en notre pouvoir pour maintenir la Paix et la

stabilité du projet, sans aucune forme de violence.
Merci de m'avoir entendu et à bientôt. »

Le personnage se rassied à côté de moi et me regarde doucement. Il glisse une pensée à l'intérieur de moi et me dit :

« Au fait, même si tu ne t'en es pas aperçue, tu étais aussi présente lors de cette réunion extraordinaire avec ton Frère Ashtar. C'est même toi qui as suggéré que nous changions nos positionnements. Tu vois, tu es ici et là à la fois, comme tous ceux qui sont comme toi. »

Il me sourit encore et je reconnais dans ses yeux celui avec lequel j'ai grand plaisir à travailler, lorsque, comme lui, je revêts ma combinaison d'argent. Mon regard se promène à nouveau autour de la grande table et c'est un autre Personnage qui vient de se lever presque en face de moi. Il fait aussi partie de l'Armée Céleste et est plus connu sous le nom d'Androméda Rex. Sa fonction première consiste à garder dans un espace immense bien connu de tous les Frères, chaque forme de Vie, de la plus petite à la plus grande et c'est lui qui est responsable de l'ensemencement des planètes ayant la capacité d'accueillir la Vie dans tous ses dimensionnements.

Il me salue d'un signe de tête ainsi que Maître Sananda. Il dit :

« Mes salutations pour vous et merci de m'accorder la parole dans cette précieuse assemblée. Je n'ai pas l'habitude de me joindre souvent à de telles réunions mais je désire aujourd'hui apporter quelques éléments qui risquent de susciter votre intérêt. Je désire vous tenir au courant des dernières recherches qui ont été faites par mon équipe.

Nous avons découvert récemment qu'il était tout à fait possible d'annihiler ou de détruire chaque germe suspect qui sont employés sur la planète Shan à des buts de destruction massive de l'humanité. Certains moyens utilisés sont connus de celle-ci. Ce que l'humanité appelle la guerre bactériologique n'est qu'un pâle reflet de ce qui est réellement pratiqué sur la population de la dite planète. Beaucoup ont connaissance de l'administration parentérale (vaccin) de germes non seulement nocifs mais pouvant engendrer handicaps à vie ou décès de la personne. Ces expérimentations préalablement faites sur le règne animal sont devenues coutumes chez les humains. Elles ont pour but de diminuer considérablement les aptitudes psychiques ou intellectuelles et asservir l'homme, le mettant dans une voie de garage. Plusieurs manipulations, dont je ne parlerai pas, ont aussi le même impact.

Il existe d'autres manières de procéder pour répandre sur des sites de vie bien particuliers de nouvelles maladies en expérimentation. Pour cela, il est envoyé dans l'air respirable, les germes en question sous formes de projectiles se désagrégeant dans l'atmosphère. Les substances ainsi disséminées retombent sur une région choisie pour test et il s'en suit une épidémie. La dispersion de ces germes se fait aussi quelques fois par le biais de certains avions de grandes lignes où l'équipe est tenue de ne pas divulguer cet acte moyennant de bonnes rétributions en particulier.

Vous savez que les conséquences de tels actes vont irrémédiablement entraîner l'arrivée massive d'humanitaires sur les lieux afin de porter un secours à cette population en danger. Ceci n'est qu'une forme d'exploitation abusive, financière et humaine, de la vie, de la santé et de ceux qui se portent, d'une quelconque manière, volontaires à cette aide. Je ne juge nullement la bravoure de ceux qui se sentent concernés et qui offrent leur temps et parfois leur vie pour aider ceux qui souffrent. J'attire juste l'attention sur le fait que répondre à de telles agressions permet à ce qu'un groupuscule d'Artisans de l'Ombre continue à effectuer des recherches à moindre frais sur la relation de l'homme face à la maladie. Le but final restant, tout de même, l'extermination totale ou partielle d'une population ne pouvant offrir aucun apport financier aux dirigeants, mais leur faisant soutenir, au contraire, toute leur misère.

Pour en revenir à ce que je disais au début de mon intervention, je voudrais souligner que nous avons fait des recherches et que chaque antidote des germes utilisés pour cette guerre a été trouvé. Nous allons mettre en œuvre une opération qui consistera à neutraliser totalement toute attaque bactériologique ou chimique qui sera perpétrée sur une population affaiblie, car vous l'avez compris, les pays les plus visés sont ceux appelés du Tiers-Monde. Malheureusement, la voie des airs, comme celle de la vaccination contribuent aussi à amener de nouvelles maladies, de nouveaux maux dans les pays dits civilisés. Nous allons donc tenter d'informer au maximum la population des dangers qu'elle encourt d'habiter dans des endroits où plusieurs lignes aériennes se croisent au dessus de leurs habitations. Nous allons aussi répéter qu'il est parfaitement anormal que dans une société de liberté et de fraternité, la population soit encore obligée d'être vaccinée pour accéder à une éducation, à une profession ou à une pseudo santé. Nous tirons donc la sonnette d'alarme pour que beaucoup rejoignent les associations qui se sont liguées contre toute forme de pollution dont la multitude est victime.

Je le rappelle, elles peuvent être d'ordre chimiques (médicaments), bactériologiques (vaccins, chemtrails), électromagnétiques (électricité, ordinateurs, téléphones portables, antennes relais, lignes haute tension...), psychologiques (messages subliminaux, désinformation, violence...), culturelles (musique, télévision, cinéma) etc. Mon message ne se veut pas alarmant ou hostile à toute forme d'expérimentation. Il s'agit juste que les terriens soient totalement informés de ce qui se passe pour qu'ils puissent comprendre comment s'en protéger sans en avoir peur. La peur faisant partie d'une des meilleures armes dont se servent les Artisans de l'Ombre.

Je pense que les habitants de la planète ont maintenant en leur possession suffisamment d'informations pour qu'ils reconnaissent avec justesse la provenance de leur mal être et qu'ils se dirigent consciemment vers la voie de la liberté. Merci d'avoir été attentifs à ce que je voulais partager avec vous. »

Androméda Rex se rassied et, chose rare, il monte un murmure dans la salle. Les Personnages assis autour de cette grande tablée échangent entre eux. C'est la première fois que je décèle un semblant de désordre dans le cérémonial d'habitude rigoureux de ces séances. Un autre Interlocuteur se lève alors, sans avoir demandé spécialement à prendre la parole. Il est connu sous le nom de Sérapis Bey. Sans autre forme de procès, il parle en ces termes :

« Je vous salue tous et me présente à vous. Je suis Sérapis Bey et je voudrais ajouter quelques informations consécutives au message de mon Frère. Il s'agit, pour moi aussi, de tirer une sonnette d'alarme à ceux de la Terre. Mes préoccupations concernent le désordre qui y règne et surtout ce qui est appelé : la pollution. Je désirerais en premier m'entretenir sur un sujet très important pour la survie de l'homme puisqu'il s'agit de l'eau.

Il existe deux sortes de problèmes. Le premier consiste à ne plus avoir d'œillère et à se rendre compte que l'eau pure sur la Terre fait bientôt défaut. Je ne la compare pas à celle qui est appelée potable et qui a reçu maints traitements la rendant parfaitement infâme à la consommation. L'eau pure, quant à elle, ne peut s'épancher des diverses sources que sur quelques kilomètres avant d'être immédiatement envahie par différents agents qui la rendent impropre à la consommation de l'homme. Ce peut être les agents chimiques utilisés pour une culture intensive, les déchets d'ordre sanitaire déversés dans son lit, les détritus de toutes sortes qui sont lancés dans les cours d'eau ou bien le déversement insouciant des usines à proximité. Il n'est donc pas possible que l'eau pure puisse résister à de tels traitements. Elle est de ce fait rendue potable par diverses méthodes qui, à la longue, provoquent certaines perturbations au niveau du corps physique.

La deuxième raison est encore une question de pouvoir. Celui-ci réside dans le fait de la rareté d'eau propre à la consommation et qui fait intervenir de multiples sociétés ayant main mise sur un élément aussi libre que l'eau. Ces sociétés font aussi croire à la population que d'ici quelques années terrestres, il n'y aura plus d'eau pour personne si jamais une attention particulière ne lui ait pas donnée. En quelque sorte, c'est une réalité, mais c'est sans compter sur les barrages, retenues d'eau ou bassins de toutes sortes, soit à l'air libre ou souterrains qui ont été construits par les dites sociétés afin de s'attribuer pour eux l'Or Blanc.

Il est donc ainsi perçu que le problème de l'eau est un problème de sensibilisation de l'humanité. Nous n'avons pas d'autres possibilités qu'informer ceux de la Terre de leurs propres agissements périlleux en rapport avec l'eau pure. Il est en conséquence demandé une prise de conscience totale et immédiate des habitants de cette planète afin qu'ils mettent en exécution leur adage qui dit : « l'eau, c'est la vie ».

Il serait nécessaire et impérieux de reprendre les problèmes à leurs sources, si je puis m'exprimer ainsi ! Et de reconnaître quels sont les moyens efficaces pour éviter de salir cette forme de Vie. Il sera demandé qu'une éducation appropriée soit faite aux très jeunes afin que soit inscrit en eux la mémoire de la richesse qu'ils possèdent. Il sera aussi demandé que ceux de tous âges se prennent en main et nettoient à leur manière chaque espace où l'eau est encore vivante. Il est aussi demandé que de véritables économies soient faites. Un gaspillage insensé est perpétré dans le milieu civilisé, alors qu'une famille d'un pays sous développé ne disposera par jour que de 5 litres d'eau, potable ou non, pour sa survie. Un juste équilibre devrait être mis en place par une humanité concernée par la pérennité de son bien le plus cher : l'Eau.

Je ne puis donner ni recette miracle, ni méthode pour que le point de non retour ne puisse jamais arriver. Je demande que chacun fasse attention à la façon dont il se sert de ce bien vital, qu'il utilise avec toute la déférence dont elle doit faire l'objet et qu'il enseigne et éduque tous ceux qui comme lui partagent cette Vie. Nous ne pourrons intervenir pour pallier au manque de cette éducation qui met en marge le respect de la Nature.

Merci d'avoir écouté avec attention mon discours. »

Le Personnage s'est rassis promptement et le silence est d'or. C'est une fin de réunion difficile où les informations données sont des énergies lourdes et chacun sait que l'humanité se retrouve face à ses propres responsabilités. Il existe bien des moyens qui sont mis en œuvre par les grands Volontaires, mais il nous revient la charge personnelle de se conscientiser et de faire en sorte de bouleverser de vieilles attitudes de profits.

Pendant que j'étais dans mes pensées, Maître Sananda s'est levé et il tend ses deux bras, la paume de ses mains vers le haut. La Lumière dorée fait ainsi un pont qui l'entoure. C'est très beau et je suis émue de le voir jouer avec la couleur de l'Or. Restant dans cette position, il dit :

« Nous ne pouvons terminer cette séance extraordinaire sans envoyer notre plus belle Lumière vers ceux qui prennent conscience, chaque jour un peu plus, de leur implication directe avec la Vie. Nous ne pouvons que les encourager à ne jamais baisser les bras devant tant de travail, pour déjà arrêter les massacres et pour que la planète Shan retrouve aussi toute sa beauté. Chacun de vous ici présent va se joindre à moi et nous allons offrir à ceux qui nous lisent, à ceux qui nous écoutent, à ceux qui nous connaissent comme à ceux qui ignorent tout, notre plus belle Lumière. Nous allons la remplir avec tout l'Amour que nous sommes capables de donner à nos chers Volontaires. »

Il se tait et le spectacle que je vois devant mes yeux est hors de toute compréhension. Chacun des Invités présents a fermé les yeux. Un rayon de Lumière blanche éclatante part de chaque troisième œil des Intervenants et se retrouve exactement au centre de la table pour s'unifier. Mais la composition de tous ces rayons lumineux n'en fait pas une boule de Lumière mais, au contraire, une magnifique Rose rouge est ainsi créée et délicatement posée sur la planète Terre. La concentration de tous les Participants se fait dans un silence absolu et je vois que, sans avoir fait quoi que ce soit par la pensée, le même rayon de Lumière sort de mon 3e œil pour rejoindre les autres qui viennent caresser la planète sur laquelle repose la splendide Rose rouge de Sananda.

C'est sur cette vision majestueuse que mon attention se retire tout doucement de l'endroit où s'est tenue cette réunion extraordinaire.

Quelle soit comme le drapeau blanc agité par l'enfant afin qu'une trêve soit faite et qu'elle nous ramène à la conscience de nos justes valeurs pour que nous privilégiions le Beau, le Vrai, la Vie !

La Création

La Terre est une merveille. Une merveille de Vies. Elle a en elle, sur elle et autour d'elle tout ce qui puisse exister de concrétisations de la Création du Tout.

Lors de sa naissance, il a été donné à cette planète tous les germes de Vie qui pouvaient exister ça et là sur d'autres Etoiles, dans d'autres Univers. Elle fut créée au tout début par ceux que l'on nomme les Créateurs et qui officient d'après des plans de pensée du Grand Ordonnateur. Ceux-ci ont commencé à planifier les possibilités que pourrait exprimer cette nouvelle planète. Il a donc été conçu un support que l'on a pris soin de ne pas limiter, donnant ainsi l'espace suffisant pour accueillir toutes formes d'expériences, au-dedans comme au dehors de ce futur joyau.

Tout le règne minéral a été une conception de prédilection pouvant accueillir chaque graine de vie. Les Créateurs ont ainsi conçu chaque atome, chaque infime particule qui pouvait, de par sa propriété, donner naissance à l'eau, à l'air, à la terre, au gaz, au feu, ainsi de suite... Un temps infini a été octroyé à ces grands Maîtres pour leur permettre que les fondations les plus respectueuses de la Nature puissent accueillir le monde vivant, celui qui est en mouvement. Une fois que tout a été conçu en haut comme en bas, dans l'élément semi solide comme dans le liquide, le Créateur de Toutes Choses a donné son aval pour que soient ensemencées toutes formes d'existences.

Même si cette histoire s'étale sur des temps indéfinissables à votre compréhension, vous pouvez imaginer quelle œuvre gigantesque est la construction d'une planète. Les Créateurs en herbe comme ceux parfaitement éclairés ont disposé de plusieurs matériaux pour la réalisation de cette œuvre. Utilisant la Pensée Première du Sans Nom, ils ont recréé parfaitement la Matrice initiale de cette planète par la pensée créatrice et sans les limites qui sont vôtres. L'instantanéité de leur Esprit refléta en toute perfection, la vision du Tout. C'est aussi avec le souffle que prirent naissance certains principes de vie. C'est encore avec le chant, le son, la voix que furent construits nombre d'édifices.

Une fois que les bases furent terminées, une immense réunion inter universelle vit le jour. Il y fut convié tous les styles d'expérimentations humaines ou non humaines disséminées dans chacune des galaxies, des univers de l'Univers. Chacun proposa d'implanter sur la planète Shan une expression de vie semblable à leur Identité. Un choix minutieux fut fait parmi les Créateurs du Créateur et ainsi fut rassemblé, un peu comme dans l'arche de Noé, tout ce qui allait devenir le décor de la planète Terre.

Beaucoup de Personnages du grand Sidéral ont apporté, eux-mêmes, à bord de leurs chariots de feu et pendant de nombreuses décennies, les espèces de vie faisant déjà partie de leurs décors. Certains emmenèrent la vie aquatique et c'est pour cela que dauphins et baleines ont été choisis pour sauvegarder en eux toute la mémoire de cette planète particulière. D'autres ont semé, graine après graine et ont offert l'infini diversité de la végétation de votre planète/étoile. D'autres encore, et cela plus physiciens, se sont penchés sur le climat et ont ainsi modelé les emplacements préférentiels où pouvait séjourner telle ou telle espèce animale ou tel type de plantation. Ils ont ainsi créé la possibilité des pluies et des vents amenant la vie sur les éléments dont ils dépendaient. Votre Terre n'ayant qu'un soleil, il fut alors adroitement disposé les espèces essentielles qui se contenteraient d'un univers hostile à vous les humains et d'autres qui profiteraient d'un environnement clair et humide. Rien n'a été laissé au hasard.

Et c'est ainsi que fut créé le merveilleux Jardin d'Eden. Dans cet endroit précieux fut gardé, comme une mémoire originelle, chaque forme de Vie quelle qu'elle soit. Et ceci se perpétua, des générations et des générations durant.

Et l'homme, me direz-vous, dans tout ça ? Est-il arrivé depuis les océans avec les poissons, où provient-il de son ami le chimpanzé ? Rien de tout ceci. Au niveau des grands Créateurs, l'homme est une grappe de Vie au même titre que les autres. Il ne se différencie que de par sa forme et le développement de ce qu'il croit être une supériorité : son intelligence. Comme chaque élément placé sur votre planète, l'homme a été lui aussi emmené par vos Amis, et les Créateurs ont arrangé toutes ces formes de Vies humaines, différentes de par leurs couleurs ou leurs formes, dans les endroits les plus appropriés à leur survie.

Pendant encore de longues générations, la planète a été visitée par nombre de Grands Maîtres ou d'Habitants d'outre espace. Ces histoires vous furent contées dans vos légendes et mythologies qui contiennent, en elles, une grande part de vérité. Les Géants, dont vous avez entendu parler, furent, eux aussi, des visiteurs ponctuels. Et les histoires qui racontent qu'ils prirent pour femmes les plus belles humaines ont une part de vérité. Ce fut pour que l'homme ait en lui l'empreinte de la Divinité et qu'il puisse se rappeler qu'il n'est pas simplement un être qui se tient debout et qui pense.

Si je vous ai conté succinctement l'Histoire de la grande naissance de votre Joyau Céleste, c'est pour remettre dans votre mémoire bien des éléments que je laisserai à votre appréciation personnelle. Je voudrais juste terminer par ceci et vous demander : « Vous les hommes, qu'avez-vous fait de votre planète ? » Il n'y a aucun jugement dans ma formulation. Mais simplement ma question amènera, sans nul doute, une réflexion de votre part. Ainsi je ne vous répéterai pas ce qui a déjà été dit : « Faites attention à vos agissements, à ce que vous pensez, à ce que vous créez. »

Je vous demande simplement : « Réapprenez très rapidement à aimer la Vie, à aimer la Nature, à protéger l'Animal, à admirer le Minéral et à Vous aimer. »

Ceci sera le mot de la fin d'une histoire peu banale, d'une planète qui devenait Astre sublime et qui, bravant avec conviction toutes les difficultés de sa vie, avait quand même décidé de redevenir, coûte que coûte, la merveilleuse Etoile Bleue qu'elle fut jadis.

Mes Frères, mes Sœurs, mes Amis les Maîtres incarnés, les Créateurs, les Enfants des étoiles, je vous salue dans la fraternité qui habite mon cœur.

El Morya

Projet Terre

Voici une méditation dirigée pour offrir à votre belle planète tout ce dont elle a besoin pour se hisser dans des vibrations plus subtiles et se soigner. Faites comme à l'accoutumée et essayez d'enregistrer ceci afin d'en profiter pleinement. Bonne création.

Bonjour mes Amis. Je voudrais vous proposer aujourd'hui une méditation. Elle sera essentiellement offerte à la planète Shan. Pour cela, je vous demande, comme d'habitude, de vous préparer à travailler en toute conscience, libérés de vos préoccupations et de vos pensées diverses.

Commencez comme toujours par vous détendre et mettez le temps nécessaire pour acquérir une profonde relaxation. Ainsi, les mots que je vous dirai pourront être mieux compris et l'ouvrage de votre pensée créatrice n'en sera plus que parfait.

Respirez profondément et visualisez-vous rattachés à l'Univers entier par votre colonne de Lumière venant des étoiles, passant à l'intérieur de vous pour aller se blottir au creux de la Terre Mère. Lorsque ceci est fait, entourez votre propre corps d'un cocon lumineux doré. Pendant ces quelques instants vous pourrez ainsi revêtir votre Manteau de Lumière personnel.

Imaginez maintenant que, devant vous, se tient la planète Terre. Voyez là tourner tout doucement sur son axe et offrez lui les plus belles couleurs de bleu, de vert, de blanc, de marron. Des couleurs presque fluorescentes puisque c'est ainsi qu'elle devient.

Une fois que ceci est créé, le plus parfaitement possible, proposez lui maintenant une aura de couleur verte. Le vert est à la fois la couleur de l'espérance mais surtout de la guérison et elle en a grand besoin. Ce vert doit être lumineux. En même temps que vous colorez son aura de vert, pensez que vous lui demandez de guérir de ses blessures et de ses tourments.

Puis, tout doucement, vous allez l'envelopper de la couleur violette de la Flamme de Maître St. Germain. Elle est par excellence la couleur de la spiritualité mais aussi celle qui transforme et transmute tout. En même temps que vous lui offrez cette couleur violette demandez à Maître St. Germain de se joindre à vous. Puis envoyez l'intention pour l'aider à ce qu'elle se transforme, à ce qu'elle monte son taux vibratoire pour accéder plus facilement à la 4e dimension, puis à la 5e. Prenez le temps de faire ceci à votre rythme.

Nous allons ajouter maintenant une nouvelle couleur par-dessus les deux autres et vous allez créer autour de votre planète le même Manteau doré que vous portez en ce moment sur vos épaules. Entourez-la d'une aura dorée étincelante. Cette couleur lui donnera la possibilité du couronnement auquel elle aspire depuis si longtemps. Permettez à votre vaisseau la Terre de devenir le joyau de ce système solaire et de cette galaxie.

Enfin, posez maintenant votre main droite sur votre cœur et sentez que dans celle-ci une magnifique Rose rouge vient de se loger. Vous allez remplir cette Rose de tout l'Amour qui est dans votre cœur. Et dans un élan pur plein de tendresse, posez délicatement votre Rose rouge rayonnant l'Amour sur la planète Terre. En même temps émettez l'intention de cet Amour que vous lui offrez, du plus profond de votre âme.

En quelques instants vous avez accompli un geste des plus lumineux et vous avez fait le don de vous-même pour aimer et aider votre Terre dans sa propre ascension. Alors rappelez-vous que vous habitez sur cette planète en ce moment et que vous avez donc aidé chaque habitant de celle-ci, sans vous oublier pour autant, à aller vers la suprématie et vers votre propre couronnement.

Si vous voulez, avant de rouvrir les yeux et de reprendre contact avec votre monde, vous pourrez dire à voix haute ou mentalement la Grande Invocation[5] qui fut proposée à l'humanité par Maître Djwhal Khul de la part de la Hiérarchie.

Je vous remercie d'avoir accompli cet acte de très grande bonté et vous demande de le recommencer à chaque fois que vous aurez envie ou que vous aurez besoin d'offrir l'Amour qui est en vous à quelqu'un. Et pourquoi ne pas terminer ainsi cette méditation en lui disant à nouveau : « Je t'aime ma Mère la Terre. »

Quand vous le déciderez, vous pourrez rouvrir les yeux, respirer profondément et reprendre véritablement contact avec votre environnent. N'oubliez pas que la 4e dimension est celle qui permet une création instantanée de toute pensée, de toute visualisation. Voyez alors l'œuvre magnifique que vous venez d'accomplir et recommencez là autant de fois que vous le pourrez.

Soyez en remerciés infiniment.

5 *Cf.* page 127.

MA PRÉSENCE

Soyez bénis dans la Pensée de *Qui Je Suis* et dans Celle de mon Père.

Que chaque mot que vous lirez soit pour vous le nectar le plus délicieux !

Mes Amis.

Ainsi se tourne une page de plus et je suis heureux de vous avoir fait goûter au travail de Ceux qui vous représentent dans des plans de consciences différents du vôtre. Je suis aussi heureux de vous faire participer à ce grand Projet Terre puisque vous avez demandé à venir vous joindre aux milliers de Volontaires déjà en place. Je suis aussi satisfait que vous ayez été attentifs et que vous ayez pris maintenant l'habitude de communier avec des énergies plus élevées et des plus merveilleuses.

Je voudrais que vous continuiez votre démarche à nos cotés et que vous ayez enfin la sensation de ne plus jamais être seuls. Je sais que vous avez en vous tout le potentiel nécessaire pour parachever ce magnifique édifice qui va emmener notre chère Planète Bleue vers sa position finale. Même si celle-ci ne sera qu'un autre palier vers une autre étape de sa vie ésotérique. Je sais aussi que vous avez envie plus que jamais de vous sentir utiles et responsables de votre vie, comme d'un travail que vous demandez tous à accomplir. Nous avons fait ensemble un petit parcours qui n'est que le début d'un long chemin que nous allons réaliser conjointement.

Les moments qui vont vous sembler plus difficiles seront des étapes déterminantes pour votre Ascension, ainsi je vous demande d'être vigilants et de vous servir de tous les outils qui vous ont été donnés jusqu'à maintenant. Vous avez parcouru de grandes étendues désertiques et vous voilà de nouveau au seuil de cette Nouvelle Porte.

Nous avons, nous aussi, attendu ces instants avec une grande ferveur et si j'ai préparé tout ceci voilà 2 000 ans c'était pour vous offrir sur un plateau d'argent votre Divinité, votre Maîtrise. Je ne conçois plus qu'aucun d'entre vous ne se sente abattu ou anéanti par la charge de travail qui se profile, car tout labeur peut être fait dans la joie du Service, dans l'Amour de l'ouvrage et dans le don de Soi. Il ne suffit plus de parsemer des graines, il faut dorénavant les arroser et leur permettre d'éclore, une à une, dans le Jardin d'Eden que vous devez reconstruire.

Chaque personnage qui est venu vous visiter va continuer à vous aider lors de vos nuits et de vos jours en ensemençant encore de nouvelles idées, de nouvelles façons de procéder et vous pourrez mener à bien votre ouvrage de façon plus claire et dans le plus grand lâcher prise.

Vous pouvez à nouveau sourire car le rire fera partie de vos journées si vous le désirez. Vous pouvez continuer à penser que la lutte est rude et que vous avez trop de difficultés à vivre vos expériences et celles-ci vous feront crouler sous leur poids. Vous pouvez penser que votre vie est des plus extraordinaire et que vous l'offrirez chaque matin au Grand Tout et Il la portera pour vous et avec vous. Vous avez toutes les possibilités pour prendre connaissance de ce que sera demain et en quoi consistera votre aide, mais vous pouvez aussi refuser de poursuivre la route vers la délivrance. Vous l'avez entendu, vous avez toujours eu et vous aurez toujours le choix, même celui de subir.

Je vous demande, en conséquence, de regarder droit devant et de voir que la route qui semblait avant bien sinueuse est devenue très éclairée et parsemée de fleurs. Vous pouvez même commencer à apercevoir une magnifique Lumière dorée, et c'est là que vous allez. Vous n'avez plus que quelques pas à faire, alors rendez-les faciles et évitez de vous poser trop de questions. Laissez-vous porter par vos Amis les Maîtres, laissez-vous aller vers ce qui est bien pour vous et écoutez votre intuition, votre voix intérieure, écoutez moi. J'ai toujours été présent et le serai toujours pour chacun d'entre vous.

Je désire terminer ce premier concile en vous honorant de tout l'Amour qui est mien. Je désire vous offrir la plus belle Rose rouge de mon jardin. Je désire que vous soyez enfin heureux de participer à cette belle épopée car elle sera à l'image de ce que vous êtes : Divine.

Je me joins à mon Père/Mère pour vous adombrer encore une fois de l'Amour le plus pur et le plus merveilleux qui puisse être. Je vous aime tendrement et votre place est près de moi, avant de rejoindre, enfin, la toute Puissance de *Tout ce Qui Est*.

Soyez Amour et offrez-le au Tout.

Et c'est ainsi que sera demain !

Adonaï

Sananda

Conclusion de la co-auteure

Ainsi se termine le premier Concile, ouvrage qui se diversifie et qui incite les Volontaires de la Lumière à se sentir concernés par eux-mêmes et par notre planète. Nos Grands Frères nous montrent le chemin et nous ouvrent les portes menant vers la liberté, la félicité et l'ascension de notre Divinité personnalisée. Ils nous ont dévoilé quelques secrets de leurs vies au quotidien et même si, parfois, ils se montrent une peu austères ou intransigeants, ce ne sera toujours que l'Amour qui sera le plus beau leitmotiv du Personnel au sol comme des Chevaliers de la Lumière que nous sommes.

Nous avons notre armure, notre bouclier est fin prêt. Il ne reste plus qu'à recevoir notre épée de Lumière pour ne plus nous donner de fausses excuses et paresser encore sur la route menant à l'Immensité de *Tout ce Qui Est*.

Parfois, des choix seront difficiles, d'autres fois il nous semblera que nous ne sommes pas à la hauteur, mais nous serons toujours aidés et aimés, sans qu'aucun jugement ne nous freine si ce n'est le nôtre.

Que chacun de nous, armé de son plus beau courage, parte dans la joie ineffable de reconquérir le bonheur de la Terre pour lui redonner son bel habit bleu.

Nous aurons alors fait tout ce que nous avions décidé d'accomplir avant même de commencer à visiter cette belle Planète voilà de millénaires.

Tout mon Amour et mes remerciements à vous tous pour ce *Que vous êtes* et ce *Que vous devenez*.

Je réitère mes plus chaleureux remerciements à Franck Bernard, directeur des Editions Hélios, sans lequel rien n'aurait été possible. Il est l'un des plus merveilleux Artisan de Lumière que j'ai rencontré et son travail permet de faire circuler cette magnifique Energie portant le Sceau de la Rose Rouge.

Erratum

Une erreur s'est glissée dans l'adresse de ma boîte électronique du Tome 2.

Je suis désolée de ne pas avoir pu répondre aux nombreux messages que vous avez dû m'envoyer. Il serait donc préférable de me faire un petit mot à mon adresse habituelle et j'essaierai de répondre à tous.

Mais je voudrais vous remercier de tout cœur pour tous les témoignages d'encouragements et de solidarité que j'ai eu en ma possession. Vous êtes des Êtres formidables et c'est pour cela que nos routes se sont croisées. Je vous envoie tout l'Amour qui est pour vous dans mon cœur et nous ne manquerons pas de nous rencontrer lors d'une conférence si le « hasard » fait bien les choses.

Merci infiniment de votre soutien.

Très chaleureusement,

Pascale ARCAN

Pour contacter l'auteure

Pascale ARCAN
Monplaisir
47230 BARBASTE
France

La grande Invocation

Du point de Lumière dans la pensée de Dieu,
Que la Lumière afflue dans la pensée des hommes.
Que la Lumière descende sur la Terre.

Du point d'Amour dans le cœur de Dieu,
Que l'Amour afflue dans le cœur des hommes.
Puisse le Christ revenir sur Terre.

Du centre où la volonté de Dieu est connue,
Que le dessein guide le faible vouloir des hommes,
Le dessein que les Maîtres connaissent et servent.

Du centre que nous appelons la race des hommes,
Que le Plan d'Amour et de Lumière s'épanouisse,
Et puisse-t-il sceller la porte de la demeure du mal.

Que Lumière, Amour et Puissance restaurent le Plan sur la Terre.

Table des matières

Achevé d'imprimer en avril 2004
sur les presses de la Nouvelle Imprimerie Laballery - 58500 Clamecy
Dépôt légal : avril 2004 Numéro d'impression : 403190
Imprimé en France